초콜릿 이야기

이국적인 유혹의 역사

차례
Contents

신들의 음식, 초콜릿

초콜릿에서는 서양문물의 냄새가 물씬 풍긴다. 적어도 우리에게는 그렇다. 하지만 초콜릿의 기원은 유럽이나 미국에 있는 것이 아니라 고대 중앙아메리카에 있다. 초콜릿을 처음 접한 유럽인은 '신대륙'을 발견한 콜럼버스였다. 당시의 초콜릿은 오늘날과 같이 '먹는' 음식이 아니라 마치 커피처럼 카카오나무의 열매로 만들어진, '마시는' 음료였다.

카카오나무가 자라기에 가장 좋은 기후 조건을 지닌 오늘날의 멕시코 지역에는 신비의 문명을 건설한 마야족과 아스텍족이 살았다. 그들에게 카카오는 '신들의 음식'이었으며, 신이 내려준 선물이었다. 그러나 신대륙을 정복한 스페인 정복자들은 이 걸쭉하고 쓴 음료에는 관심을 두지 않았다. 그들의 관심은 오직 금과 은에 있었고, 그래서 엘도라도를 찾아서 이곳까지 왔다. 물론 얼마 지나지 않아 카카오열매가 '갈색 금'으로 바뀔 것이라는 것을 아는 사람은 아무도 없었다.

1528년 스페인의 정복자 에르난 코르테스가 카카오열매를 가지고 돌아왔을 때에도 그것은 단지 신기한 아메리카 대륙의 산물이었을 뿐이다. 그 후 한 세기가 지나서야 초콜릿은 왕과 귀족들의 기호식품으로 자리 잡게 된다. 화려한 바로크 시대는 새롭고 이국적인 것들을 갈망했고, 초콜릿은 커피와 차 그리고 설탕과 함께 그러한 욕망을 채우기에 더할 나위 없이 좋은 것이었다. 초콜릿은 초기에는 강장제로서 또는 성욕촉진제로서 받아들여지면서 유럽으로 급속히 퍼져 나갔다. 이러한 욕망의 대상은 동시에 쟁탈의 대상, 착취의 대상이었다. 유럽 열강의 식민지를 둘러싼 이권 싸움은 식민지 피지배자로 전락한 원주민들에게는 고통이었다. 또한 대규모 농장에 공급될 아프리카 노예들이 머나먼 이국의 땅으로 끌려와야 했다.

오늘날과 같이 '먹는' 초콜릿이 등장한 것은 1820년대이다. 카카오원두를 간 반죽에서 카카오 버터를 분리하는 기술이 등장하고 나시아 판형 초콜릿과 불이나 우유에 타먹는 코코아가 탄생한다. 당시 먹는 초콜릿은 아직 거칠었으며, 입 안에서 부드럽게 녹는 초콜릿은 1879년이 되어서야 등장한다. 그 후 초콜릿 제조 기술의 발달과 산업화에 다른 대규모 생산은 초콜릿의 대중화를 촉진했다. 20세기의 양차 대전에 걸쳐 초콜릿은 군인들의 전투 식량에 포함되었고, 이는 초콜릿의 보급에 커다란 역할을 한다. 미국의 허시Hershey 사를 비롯한 대규모 초콜릿 제조업자들의 적극적인 시장 공략 덕분에 초콜릿은 서구의 일상 속에 뿌리 깊게 파고들었으며, 초콜릿은 단지 기호식품을 넘어선, 하나의 문화적 대상이 된다.

초콜릿이 우리나라에 소개된 것은 대한제국 말로 추정된다. 해방 후 미군정 시기에 미군의 비상식량으로 사용되었던 초콜릿은 신기한 외래 식품이었다. 그것이 사람들의 눈길을 끌기 시작한 것은 한국전쟁 기간 동안이었다. 그래서 우리에게 미군과 초콜릿은 떼려야 뗄 수 없는 이미지이다. 1968년부터 한국의 제과회사에서 초콜릿을 생산하기 시작했지만, 그보다는 월남전에 참전한 한국 군인들의 귀국배낭 속에 들어 있는 미군 전투용 비상식량인 초콜릿이 여전히 더 인기였다. 1970년대에만 하더라도 미군부대에서 흘러나온 초콜릿이 고급과자로서 유통되었다.

오늘날 초콜릿은 누구나 쉽게 접할 수 있는 식품이다. 대부분은 초콜릿을 첨가한 과자들을 통해 소비되고 있다. 초콜릿 바는 친숙한 간식거리 가운데 하나이다. 화려하고 고급스런 상자에 담긴 초콜릿은 밸런타인데이에 남녀 간의 사랑과 우정을 표시하는 매개물이다. 그러한 관습에 대한 논란에도 불구하고 초콜릿은 우리의 의식 속에 이미 하나의 상징으로 자리 잡았다.

여기에서는 먼저 3,000년 전 멕시코의 고원에서 재배된 카카오나무로부터 시작하는 초콜릿의 역사를 식품사와 문화사적인 시각에서 소개하고자 한다. 아울러 초콜릿의 원료가 되는 카카오 원두에 대한 설명과 초콜릿 제조 기술의 발달에 따른 초콜릿 발전사도 놓치지 않을 것이다.

최근 들어 우리에게도 고급 초콜릿을 접할 수 있는 기회가 많아지면서 어떤 초콜릿을 선택하고 어떻게 먹는가에 대한 관심도 늘어나고 있다. 초콜릿이 단지 비만을 야기하는 간식거리로 끝나지 않는다면, 그것을 올바로 선택하고 음미하는 법을 안다는 것은 중요하다. 초콜릿은 친숙하면서도 낯설게 다가오기도 한다. 낯섦은 초콜릿의 이국적인 면에서도 오지만 그것을 제대로 알지 못함에서 온다.

초콜릿의 역사

초콜릿의 원료, 카카오원두

초콜릿은 카카오나무의 열매에 들어 있는 씨앗으로 만든다. 이 열매에는 과육과 함께 씨앗이 들어 있는데, 이들을 함께 발효시킨 후 씨를 분리해 건조시킨다. 이 납작한 아몬드 모양의 씨를 카카오원두 또는 카카오콩이라 부른다. 카카오원두를 볶아서 갈면 카카오 반죽이 되는데, 이를 압착한 것에서 카카오

카카오열매 속에 들어 있는 씨앗과 과육, 그리고 발효 후 건조한 원두와 볶은 원두. 카카오 가루

고형분과 카카오 버터를 얻을 수 있다. 그리고 카카오 고형분을 다시 갈아 알칼리화 과정을 거쳐 물에 잘 녹두록 만드는면 물이나 우유에 타 마실 수 있는 코코아가 된다.

초콜릿을 만드는 과정은 코코아가 만들어지는 과정과는 다르다. 카카오 반죽에 설탕과 카카오 버터를 더 첨가하고, 더 곱고 부드럽게 만드는 여러 과정을 거쳐야 용액 상태의 초콜릿이 얻어진다. 이 액상 초콜릿을 굳혀서 만든 것이 다크 초콜릿이다. 물론 다크 초콜릿의 종류는 카카오의 함량에 따라 단맛이 강한 것에서부터 아주 쓴 맛이 나는 것까지 다양하다. 밀크 초콜릿은 용액 상태의 초콜릿에 우유와 같은 유제품을 첨가한 것이다. 화이트 초콜릿을 만드는 과정은 위와 다른데, 이는 압착과정에서 얻어진 카카오 버터에 설탕과 유제품을 섞어서 만든 것이다. 초콜릿의 제조과정은 뒤에서 더 자세히 다룰 것이다.

카카오나무의 학명은 테오브로마 카카오Theobroma Cacao이다. 이는 1753년 스웨덴의 식물학자 칼 폰 린네가 붙인 것인데, 이 이름은 그리스어에서 유래된 것으로 '신들의 음식'이란 뜻이다. 키키오나무 품종은 20종 이상인 것으로 알려져 있다. 그러나 오늘날 초콜릿의 원료로 사용되는 카카오열매를 제공하는 카카오나무는 크리오요, 포라스테로, 트리니타리오 등 3가지뿐이다. 하지만 같은 품종이라 할지라도 재배되는 산지에 따라 다른 특징을 갖는다.

먼저 '크리오요Criollo' 품종은 스페인어로 '식민지 태생의 백인'이라는 의미를 갖는다. 이 품종은 멕시코, 중앙아메리카 그리고 베네수엘라 등지에서 재배되고 있는 최초의 카카오나무이다. 이 카카오나무는 섬세하고 강한 향이 나는 양질의 카카오원두를 생산하지만, 병충해에 취약해 점차 사라지고 있다. 크리오요는 전 세계 생산량의 5%를 밑돌며, 고급 초콜릿 제조에만 사용된다.

스페인어로 '외국인'이라는 뜻의 '포라스테로Forastero' 품종은 원산지가 아마존 고지대이다. 세계에서 가장 많이 재배되는 이 카카오나무는 주로 아프리카 지역에 많다. 타닌 함유량이 많고 저항력이 강하지만, 품질은 보통 수준이다. 그러나 이것의 하위 품종인 나티오날은 고급 초콜릿의 원료로 에콰도르나 베네수엘라, 브라질 등에서 재배된다.

마지막으로 '트리니타리오Trinitario'는 신품종이다. 16세기 트리나다드에 있는 스페인 최초의 크리오요 재배지가 허리케인으로 완전히 파괴된 이후, 포라스테로 품종을 이곳에 옮겨 심었다. 이곳에서 포라스테로 종을 크리오요에 접목시키면서 트리니타리오 품종이 생겨난다. 이 품종은 크리오요의 뛰어난 향과 포라스테로의 저항력을 같이 겸비하고 있다. 오늘날 이 품종은 라틴아메리카·스리랑카·인도네시아 등에서 재배되고 있으며, 세계 생산량의 15%를 차지한다.

세계 카카오 시장은 생산량의 80%를 차지하는 포라스테로 종의 원두가 지배하지만, 고급 초콜릿을 위해서는 크리오요와 트리니타리오에서 생산되는, 섬세하고 향이 독특한 카카오원두가 사용된다. 이처럼 초콜릿 제조업자들에게 고급 카카오원두는 독특한 향을 지닌, 즉 깊고 섬세한 카카오향, 과일향, 꽃이나 관목의 향이 나는 카카오를 말한다. 이들은 신선한 씨앗에서 나는 향과 '발효된' 원두에서의 향을 통해 고급 카카오원두를 더 세밀하게 선별한다.

초콜릿의 어원

초콜릿이라는 말이 어디에서 유래했는가에 관한 주장은 다양하다. 어느 주장이 옳다고 할 수 없기 때문에, 이 말의 어원은 여전히 논쟁거리다. 여기에서는 도브잔스키 코 부부가 쓴 『초콜릿의 진정한 역사The True History of Chocolate』에서 소개된 논의 가운데 가장 설득력 있는 견해를 먼저 소개하겠다.

이 책에서는 아스텍족의 언어인 나우아틀어 '초콜라틀tchocolatl'에서 유래했다고 본다. 이것이 스페인어로 옮겨지면서 '초콜라테chocolate'로 변하고 영어로는 '초콜릿'이라 읽히게 되었다. 스페인인들은 나우아틀어를 발음하면서 단어의 뒤에서 두 번째 음절에 주어야 하는 강세를 붙이지 않았다. 그들은 나우아틀어에서 자주 나오는 명사를 표시하는 어미 '~틀tl'을 올바르게 발음하지 않거나 아예 그것을 무시하면서 자신들이 그것을 발음하기 좋게 바꾸었다. 예를 들어 들개를 의미하는 '코요틀coyotl'이 '코요테coyote'로, 옥수수 알갱이를 의미하는 '엘로틀elotl'이 '엘로테elote'로 바뀌는 등 혼성어가 만들어졌다. 따라서 초콜릿의 어원을 '초콜라틀'로 보는 견해가 논리적으로 맞다는 주장이다.

초콜릿이란 단어는 초코아틀tchocoatl로 소리나는 마야족의 언어 'xchocoatl'을 소리나는 대로 옮겨 적은 것이라는 견해도 있다. 또 다른 견해는 1676년 토마스 게이지가 제안한 것으로, 'tchocoatl'은 물을 의미하는 '아틀atl'과 초콜릿 음료의 거품을 내기 위해 일종의 거품기인 몰리니요로 저을 때 나는 의성어 'tchoco'의 합성어라는 가정이다.

'카카오'라는 단어는 '카카우아틀cacahuatl'에서 유래했다. 카카우아틀은 초콜릿 음료를 뜻하는 말로, '아틀'은 물을 의미하기 때문에 이 말은 '카카오의 물로 옮겨질 수 있다. 이 말은 초콜릿 음료가 갈은 카카오원두와 물로 만들어지기 때문에 적절한 합성어로 볼 수 있다. 또한 카카오나무의 열매를 일컫는 프랑스어 '카보스cabosse'는 스페인어로 머리를 뜻하는 '카베사cabeza'에서 유래했다. 스페인 정복자들은 카카오열매를 보고 사람의 머리를 떠올렸을 것이다.

초콜릿의 기원

최초의 카카오나무 재배, 올멕족

마니아들을 갖고 있는 감각적인 식품인 초콜릿의 기원은 신대륙의 선사시대까지, 곧 올멕문명과 마야문명의 신비로운 세계까지 거슬러 올라간다. 이 고대 문명은 초콜릿을 생산할 수 있는 열매를 맺는 카카오나무가 자라는 중앙아메리카에서 건설되었다.

3,000년 전 가장 오래된 중앙아메리카의 문명의 하나인 올멕족은 멕시코만에 위치한 천연림에서 살았다. 올멕족은 흙과 점토로 만든 흙무덤과 피라미드식의 거대한 신전을 축조한 부족이다. 올멕족은 또한 몇 톤이나 되는 거대한 돌로 거석인두를 만들었다. 이들의 문명은 기원전 400년경에 쇠퇴하였으며 약간의 상형문자들을 남겼지만 아직까지 해독되지 못하고 있다. 그러나 최근의 역사언어학 연구는 올멕족의 언어에서 '카카오'라는 말이 사용되었을 것으로 추정한다. 또한 올멕족이 머물렀던 땅은 카카오나무를 재배하기에 가장 적합한 덥고 습한 기후와 숲의 그늘을 갖고 있다. 따라서 이들은 마야족이나 아스텍족보다 먼저 카카오나무를 재배했을 것으로 보인다. 이들도 카카오원두를 음료로 이용했을 것으로 보이나 역사적 자료가 이를 입증하기에는 아직 부족하다.

초콜릿 음료를 마신 마야족

올멕족이 시리진 직후 4세기 무렵 마야속이 과테말라에 이르는 유카탄 반도의 넓은 지역에 자리 잡기 시작했다. 100년이 지난 후, 마야의 고전기라고 부르는 시기에 마야족은 거대한 궁전과 신전들로 이루어진 도시들을 건설했다. 그 벽에는 삶과 풍요의 상징인 카카오열매가 새겨져 있다.

'책의 민족'이라고 알려진 마야족은 나무껍질에 표음과 표의를 조합하는 방식의 그림문자로 기록을 하였다. 그러나 불행하게도 오늘날까지 남아 있는 책은 후기 고전기에 작성된 4권뿐이다. 이 책들 가운데 『드레스덴 고문서』에는 다양한 의식 속에 여러 신의 형상들이 등장하는데, 앉아 있는 신들 앞에 카카오열매가 산처럼 수북하게 쌓여 있는 접시가 놓여 있는 모습이 묘사되어 있다. 이 그림에서 "카카오는 그의 음식이다"라는 문구를 발견할 수 있다. 따라서 카카오는 신들의 양식이었으며, 그들이 보기에 카카오나무는 신성을 소유하고 있었다. 카카오열매는 곧 신의 선물이었다.

마야족이 카카오를 사용했다는 증거는 귀족의 무덤들에서 발견된 그릇들에서도 찾을 수 있다. 이 호사스런 무덤의 주인인 시신의 부근에서 도기 접시와 사발 원통형의 병들이 발견되었다. 이 그릇들에는 귀족이 저승에서도 먹고 마실 수 있도록 음식과 음료가 들어 있었다. 그릇에 새겨져 있는 문자를 해독해보니 카카오라는 단어가 있음이 확인되었는데, 이 그릇들은 초콜릿을 만들거나 마실 때 사용되었던 것으로 추정된다. 따라서 마야족은 카카오원두를 끓인 쓴 음료를 처음으로 만들었으며, 이 고급스런 음료는 왕이나 귀족들이 마시거나 종교행사에서 사용했을 것이라는 추정이 가능하다.

1984년에도 과테말라에 있는 여러 무덤에서 초콜릿을 마시기 위해 사용된 그릇들을 발견했다. 그 용기들에는 음료 찌꺼기가 남아 있었으며 뚜껑에는 카카오의 마야 상징이 그려져 있었다. 그 용기들 중 하나인 다양한 지름을 가진 키가 큰 원통형 도기는 초콜릿 용기일 뿐 아니라 초콜릿을 제조하는 데도 사용되었다. 이 도기에 그려진 두 장면 중 흥미를 끄는 것은 한 여인이 작은 원통형 용기를 들어 검은 액체를 그보다 좀 더 큰 용기에 조심스럽게 따르고 있는 장면이다. 이것이 현재까지 알려진 초콜릿 음료 제조에 관한 최초의 그

한 여인이 초콜릿 음료의 거품을 내는 장면
(마야 도기)

림이다. 이는 음료의 거품을 만들기 위해 초콜릿을 다른 용기에 붓는 과정을 묘사하고 있다.

이러한 초콜릿 제조법은 다른 문헌이나 용기들에서도 발견된다. 이들에서 이 음료를 혼합하는 방법에 대한 기록도 발견되었는데, 옥수수 가루를 넣어 걸쭉하게 만드는 것에서부터 마시기에 적합하게 가장 묽게 만드는 방식에 이르기까지 다양한 방법들이 있다. 그리고 여러 가지 향신료를 넣어 향을 가미한 초콜릿 음료를 마셨는데, 고추는 초콜릿의 조미료로 널리 애용되었다 한다.

톨텍족과 케찰코아틀

900년경 마야 제국이 갑작스럽게 멸망하고, 그곳에 톨텍족

이 자리 잡았으며 이후 아스텍족이 정착했다. 아스텍족은 톨텍족을 초인적 종족, 더할 나위 없이 유능하고 예술에 뛰어난 사람들로 묘사하고 있다. 톨텍족은 중앙아메리카의 대부분으로 세력을 넓혔으며, 아스텍족은 그들로부터 고도의 문화를 전수받았다. 하지만 12세기 중반에 톨텍족의 지배력이 약해지는데, 이는 내분과 반란의 결과였다.

톨텍족의 왕이자 공기의 신으로 여겨졌던 톨텍의 왕 케찰코아틀Quetzalcoatl은 툴라라는 도시 국가가 생긴 뒤 10세기에 이곳을 지배했다. 왕으로 숭배받는 그는 백성들에게 신의 나라의 카카오나무 씨앗을 가져오고, 몇몇 식물들의 재배법을 가르쳐주었다. 하지만 정치적 반란으로 인해 케찰코아틀과 그 백성들은 수도를 떠나 유카탄 반도 남쪽에 정착한다.

한편 늘 자만심에 가득 차 있던 왕은 자신이 불사신이라고 자부하면서 이를 뒷받침하기 위해 마법사 테스카틀리포카의 도움을 얻었다. 그러나 마법사는 곧 질투심에 불타 그에게 미약을 먹여서 미치게 만든다. 그는 바닷가로 달아났고, 서로 뒤엉켜 있는 뱀들이 만들어 놓은 뗏목에 몸을 실어 떠나며 언젠가 다시 그의 왕국을 되찾기 위해 돌아올 것을 약속했다. 이 추방의 전설은 아스텍 신화 속에 들어와 있으며, 점성가들은 1519년 '창백한 얼굴을 지닌 왕'이 그의 백성들을 해방시키러 올 것이라고 예언했다. 이 예언이 백인에 의해 발견된 '신대륙'의 운명에 커다란 영향을 줄 것이라고는 아무도 몰랐다.

지혜와 힘의 원천으로서의 초콜릿, 아스텍족

13세기 초 톨텍족이 지배하던 멕시코 분지로 들어온 아스텍족은 14세기 호수의 도시 테노치티틀란과 틀라텔롤코를 중심으로 고도의 문화를 이룩했다. 톨텍족의 세계관에 많은 영향을 받은 아스텍족은 자신들이 제5의 태양의 시대에 살고 있다고 믿었다. 이전의 각 시대의 태양은 각각 홍수·불·바람·재규어에 의해 멸망하였으며, 아스텍인들은 자신의 시대도 지진으로 인해 멸망한다는 종말론을 신봉하고 있었다. 따라서 태양이 사멸하고 세계가 멸망하는 것을 막기 위해, 아스텍족은 대규모 인신제물의식을 행했다. 전쟁에서 사로잡은 포로들과 각지에서 차출한 남녀를 수도 중앙부에 건설한 큰 피라미드 신전 앞에 산 채로 바쳤다. 흑요석으로 만든 칼로 희생자의 가슴을 갈라 그들의 피와 심장을 바쳐 태양에 지속적인 활력을 주려고 했던 것이다. 이러한 아스텍족의 인신공양의식을 본 스페인 정복자들은 그들을 잔혹한 부족으로 그렸고, 오늘날까지 아스텍족은 냉혹하고 잔인한 이미지로 남아 있다. 그러나 이러한 이미지는 스페인의 무지비한 정복을 정당화시키기 위해 과장한 측면이 있다.

부족국가의 형태였던 아스텍 제국은 왕과 귀족, 사제와 전사 등의 상위 계층과 그 아래로 평민과 노예 계층으로 이루어진 계급 구조를 가지고 있었다. 특이한 점은 원거리 교역을 주도했던 포츠테카라는 상인계층이 상류계층에 속했으며 때로는 귀족을 압도할 만큼 부를 축적하기도 했다는 것이다.

이러한 아스텍 사회에서는 초콜릿이 일상적으로 소비됨에도 불구하고 아스텍족의 특권층, 곧 왕족, 귀족, 상인계층, 그리고 전사들만 그것을 마실 수 있었다. 이와 같은 사치품을 맛볼 기회를 가질 수 있었던 유일한 평민은 전장에 나가는 병사들뿐이었다. 이는 초콜릿이 힘을 북돋아준다고 믿었기 때문이다. 사제는 상위 계층에 속하였지만 엄격한 금욕과 고행의 삶을 실천해야 하기 때문에 초콜릿을 마시지 않았다. 아스텍족에게 있어서 초콜릿은 지혜와 힘의 원천이었다. 최음 효과를 위해 결혼식 행사의 음료로 쓰인 초콜릿을 몬테수마 왕은 하루에 50잔 이상을 마셨는데, 그는 규방에 들기 전에 반드시 한 잔의 초콜릿을 마셨다. 왕실에서 이루어지는 모든 축제에서는 초콜릿이 제공되었으며, 초콜릿을 마시는 것은 중요한 의례에 속했다.

　아스텍족의 음료는 오늘날 우리가 알고 있는 부드럽고 풍부한 맛을 내는 걸쭉한 음료와 아주 달랐다. 이는 매우 쓰고 기름진 음료였다. 마야족들이 초콜릿을 뜨거운 음료로 여겼던 반면에 아스텍족은 그것을 차갑게 마셨다. 스페인의 정복 후 이곳에 도착한 예수회 수도사 호세 데 아코스타에 따르자면 "대부분의 카카오는 '초콜라테'라 불리는 음료로 이용되었다. 이 음료는 거품이 많아 맛있지 않았다." 마야족이나 아스텍족에게 있어서 거품은 초콜릿 음료에 있어 가장 중요한 요소이자 가장 맛있는 부분이었다. 한 역사가는 "이 음료를 쉽게 마시기 위해서는 입을 크게 벌려야 한다"고 강조하고 있다.

카카오나무 열매를 신들의 음식으로
여기는 아스텍인들(고문서 사본)

아스텍족에게는 카카오 재배 주기에 따라 다양한 의식이 존재했다. 파종 시기에는 카카오 색깔의 점을 가진 개를 신에게 바쳤다. 파종하는 자들은 파종을 하기 전 13일 밤 동안 금욕해야 하며 14일째가 되어서야 부인과 잠자리를 할 수 있었다. 그리고 우상 앞에서 신비스런 제의를 행하기 전 씨앗들을 작은 그릇에 담아 바치고, 신체의 여러 부위에서 채취한 피를 우상에 발랐다. 또한 씨를 뿌릴 땅에 새의 피를 뿌림으로써, 땅의 나쁜 기운을 정화하려 하였다.

아스텍족은 또한 초콜릿을 일부 종교적 제의 때 얼굴에 바르기도 했다. 최초의 스페인 카카오 재배자들도 이러한 제의들이 수확을 풍성하게 한다고 믿었으며, 따라서 그들 또한 파종할 때는 여러 축제를 행했다. 초콜릿은 언제나 신비한 효능이 있는 물질로, 신의 선물로 그리고 생명력의 원천으로 간주되었다.

정복자 스페인

일반적으로 카카오열매의 가치를 예견한 것이 스페인의 정복자 에르난 코르테스였다고 인정된다 할지라도, 이것을 발견한 이는 크리스토퍼 콜럼버스이다. 1502년 서인도제도를 향한 네 번째이자 마지막 여행에서, 콜럼버스는 온두라스 연안의 구아나자 섬에 도착했다. 전설에 따르면 그를 맞이했던 아스텍인들이 커다란 아몬드처럼 생긴 것들이 가득한 자루를 내밀며 그들의 상품과 교환을 요구했다. 어이없어 하는 콜럼버스 일행에게 그들은 이 열매가 아주 특별한 음료인 초코라틀을 만드는 데 쓰인다고 설명하면서, 그 자리에서 음료를 만들어 보였다. 이 갈색의 쓰디쓴 음료에 혐오감을 느꼈지만 콜럼버스는 고국의 동포들에게 신기한 것으로 소개하기 위해 카카오 열매를 싣고 돌아왔다. 그러나 이 열매가 미래에 어떠한 경제적 가치를 갖는지는 그도 전혀 상상하지 못했다.

17년 후, 1519년 코르테스 일행이 신대륙에 도착했다. 아스텍 왕 몬테수마는 코르테스의 출현을 케찰코아틀 왕의 재림이라고 믿었다. 신탁에 따르면 이 시기에 케찰코아틀이 돌아온다는 예언이 있었기 때문이다. 정말 놀랍게도 우연처럼 그 예언된 날 코르테스가 해안에 상륙했다. 그 때문에 몬테수마 왕은 스페인 정복자들에게 "당신들은 필요한 모든 것을 가지게 될 것이오. 여기가 당신들의 땅이오"라고 선포했다.

이러한 혼동으로 인해 코르테스 일행은 아스텍 수도에 무사히 들어갈 수 있었으며, 이후 이곳을 무력으로 쉽게 정복할 수 있었다. 아스텍 왕은 그의 판단이 잘못되었다는 것을 깨달았지만, 때는 늦었다. 그는 이미 감옥에 갇힌 몸이 되고 만 것이다. 아스텍 사회는 이 구세계의 정복자들이 멕시코 고원에 왔을 당시 활기 넘치고 상당한 번영을 누리던 곳이었지만, 그들이 들어온 지 2년 만에 완전히 파괴되고 말았다.

갈색 금, 카카오

코르테스가 신대륙에 도착한 것은 엘도라도, 곧 아스텍의 황금을 찾기 위함이었다. 그들이 쉽게 발견한 황금은 왕실에서 사용되는 온갖 금으로 만든 치장품과 도구들, 그리고 왕실 창고에 쌓여 있던 금은보화들이었다. 그것들은 당연히 약탈의 대상이었다. 하지만 그들이 발견한 것은 이것만이 아니었다. 창고에는 엄청난 양의 카카오원두가 상자마다 그득히 담겨 있었다. 이것은 단지 몬테수마의 환영식에서 맛본 쓰디쓴 음료의 원료일 뿐이었다. 하지만 얼마 지나지 않아 스페인인들은 카카오원두가 새로운 황금, 곧 '갈색 금'이라는 사실을 깨닫게 된다. 아스텍족에게 카카오원두는 음식이나 음료의 원료일 뿐만 아니라 '화폐'로도 쓰였다.

카카오원두는 시장에서 물건을 구입할 때 그 값을 치르는 화폐로 쓰였다. 실제로 당시에는 100개의 카카오 콩으로 노예한 명을, 4개로 토끼 한 마리를 살 수 있으며, 10개로 성적 서비스를 받을 수 있었다. 또한 카카오원두는 세금을 낼 때도 쓰였으며, 이들은 왕실을 운영하는 데 중요한 역할을 했다. 카카오원두는 급료나 기타 지출에도 쓰였다. 일부는 왕실 근위병

카카오원두로 물건값을 치르고 있는
아스텍인들

들을 위한 초콜릿 음료를 만드는 데 사용되었다. 이러한 갈색 금 카카오원두도 약탈을 피할 수 없었다. 스페인 정복자들은 나아가 카카오원두로 물건을 사고 그들이 부리는 인부에게 임금을 지불했다. 그들은 또한 인근의 서인도제도 섬에까지 카카오 재배지를 확대해 나가면서 음료의 원료로서뿐만 아닌, 화폐로서의 카카오원두의 가치를 최대한 활용하고자 했다.

초콜릿의 스페인화

그러나 정복자들과 그들을 쫓아 중앙아메리카로 이주한 사람들은 화폐로서의 카카오의 가치는 충분히 인식하고 있었지만, 그것으로 음료를 만든다는 사실에는 여전히 혐오감을 가졌다. 밀라노 출신의 역사가이자 항해가인 지롤라모 벤조니(1518~1570)는 '초콜릿은 인간이 먹는 것이라기보다는 차라리 돼지들이 먹는 음료'라고 혹평을 하기도 했다.

신대륙에 도착한 코르테스 일행도 초콜릿의 음료나 식재료로서의 가치를 알지 못했다. 처음에는 이 기름지고 향이 강하며 쓴 음료의 맛을 제대로 알지 못하고 그저 와인이 떨어졌을 때 대비하는 여분 정도로만 생각했다. 그러나 비축해두었던

술이 떨어지고 물을 마시는 일도 지겨워지자 그들은 아스텍족의 초콜릿 음료를 마시기 시작했다. 그들은 점차 초콜릿 유류가 영양분이 풍부하고 성욕을 항진시키는 효과가 있다는 것을 알게 되면서, 그것의 식재료로서의 가치를 인정하게 되었다. 그리고 이 쓰고 걸쭉한 음료를 그들이 먹기 좋게 개선하고자 했다.

스페인 식민지 지배자들은 초콜릿의 신비한 효능에 점차 매료되었다. 이 음료의 이국적 맛에 익숙해지자 애호가들이 늘어나기 시작했다. 예수회 수사 호세 데 아코스타는 "이 국가에 거주하는 스페인인들은 남녀를 불문하고 초콜릿을 매우 좋아한다. 그들은 여러 가지 방식으로, 때로는 따뜻하게 때로는 차갑게 준비한다. 그리고 여기에 많은 고추를 넣는다"고 기록하고 있다.

초콜릿 음료가 본격적으로 변용되기 시작한 것은 신대륙에 이주한 스페인인의 자손들인 크리오요들에 의해서였다. 이들은 시간이 지나면서 아스텍족의 문화를 받아들여 토착화시켰는데, 초콜릿 음료 또한 이러한 혼용과정을 거쳐 일상적 음료가 되었다. 아스텍인들이 보통 차갑게 마시거나 아니면 실온과 유사한 온도로 마셨던 것에 반해 스페인의 백인들은 초콜릿을 뜨겁게 마셨는데 이것이 최초의 변용이다. 두 번째 변용은 초콜릿에 사탕수수 자당이나 설탕을 넣는 것이었다. 이는 쓴 맛을 약화시키는 데 효과적이었고 오늘날까지 당연한 것으로 받아들여지고 있다. 세 번째는 초콜릿에 향을 첨가하기 위해서 정복자들에게 이미 익숙한 육계피나 아니스, 후추와 같은 향신료들이 쓰이기보다는 고추와 같은 현지의 향신료가 쓰이기 시작했다는 점이다.

초콜릿을 만드는 과정 또한 변화했다. 예를 들어 껍질을 벗긴 카카오원두를 달군 메타테metate(윗부분이 휘어져 있는 맷돌) 위에 올려놓고 가는 과정까지는 여전히 전과 같았지만, 거품을 내는 과정은 초콜릿액을 한 용기에서 다른 용기로 위에서 붓는 방식이 아닌, 뜨거운 초콜릿을 몰리니요molinillo라는 나무로 만든 큰 봉으로 휘저어 섞는 방식으로 바뀌었다.

또 한 가지 중요한 기술혁신이 있었다. 간 카카오를 얇은 판 모양으로 만들었는데, 여기에 뜨거운 물과 설탕을 넣으면 바로 초콜릿 음료가 되었다. 이러한 방법은 초콜릿 음료가 스페인에 건너가 유럽의 여러 나라에 전파되는 데 아주 중요한 역할을 했다.

카카오 재배지의 확산과 노예노동

초콜릿을 마시는 습관은 17세기 유럽에서 크게 유행하여 거의 유럽 대륙 전체에 보급되어 있었다. 그 뒤로 200년 동안 정복 이전의 중앙아메리카와 유럽에서 특권층에게만 허용된 사치품이었다. 초콜릿은 성직자를 포함한 상당수의 계층으로 퍼져나갔다. 식민지 멕시코에서도 카카오 소비는 급격히 증가했다. 여기에 유럽 시장이 가세한 덕분에 카카오 수요는 2배로 증가했다.

하지만 중앙아메리카의 인디오 인구는 급속도로 감소하기 시작했다. 초콜릿 생산은 이들 토착 인디오의 노동으로 유지되었다. 구세계에서 유래한 천연두와 홍역 같은 전염병은 이 지역의 모든 주민들을 공격했고, 이들은 그것에 맞설 저항력을 가지고 있지 못했다. 새롭게 세워진 광산과 농장, 대방목장에서 스페인인들에게 혹사를 당한 것도 사망률 증가를 촉진시켰다. 17세기 말 떼죽음에서 살아남은 아메리카 인디오 수는 원래 인구의 10%도 채 되지 않았다.

스페인은 오랫동안 카카오 재배와 수출에 독점적 지위를 누렸다. 유럽에서의 카카오 소비량이 늘어날수록 스페인은 독점적 이익을 톡톡히 누렸다. 하지만 스페인의 독점은 오래가지 못했다. 카카오의 상업적 가치를 깨닫기 시작한 유럽 국가들은 라틴아메리카로 진출하려 했으며, 이로 인해 식민지 확보를 둘러싼 전쟁이 계속된다. 특히 서인도제도는 1492년 콜럼버스에 의해 '발견'된 이래 수세기 동안 열강이 각축을 벌였던 무대였다. 서인도제도의 원주민들 또한 질병과 잔인한 스페인의 차취로 인해 이미 오래 전에 사라진 상태였다.

이곳의 카카오 농장을 비롯한 다른 농장들에 필요한 노동력은 불행하게도 이곳으로 끌려온 수십만 명의 아프리카인들이 충당했다. 이 농장들은 노동력을 조달하는 데 아무 문제가 없었다. 노예선이 이 비참한 인간 화물을 계속해서 서인도제도와 라틴아메리카로 데리고 왔기 때문이다. 노예상인들은 목

적지에 도착하면 일반적으로 노예 한 명당 아프리카 해안에서 지불한 액수의 다섯 배에 가까운 금액을 손에 쥘 수 있었다. 라틴아메리카의 카카오 농장에 끌려와 일했던 수십만 명의 노예의 고향 서아프리카가 오늘날 세계 제일의 카카오 산지로 바뀐 것은 역사의 아이러니이다. 이것 역시 유럽이 벌인 식민지 사업의 일환이었다.

1824년 포르투갈은 브라질에서 가지고 온 포라스테로種(종) 카카오나무를 아프리카 기니만灣(만)에 있는 가봉 서쪽의 상 도메에 이식했다. 그 결과 19세기 말까지 카카오는 이 섬의 주요 수출품 가운데 하나가 되었다. 이후 황금 해안 그리고 나이지리아에, 1905년에는 코트디부아르에까지 이르게 되었다.

한편 카카오나무는 아프리카 열대 지방으로만 간 것이 아니라 동쪽으로 가기도 했다. 17세기 초부터 네덜란드는 카카오나무를 그들의 동방 식민지인 자바와 수마트라로 이식하기 시작했다. 20세기 전반 유럽의 제국주의 국가들은 필리핀, 뉴기니, 그리고 사모아에도 카카오 농장을 세웠다.

오늘날 전 세계에서 생산되는 카카오의 55%는 아프리카산이고, 카카오의 고향인 멕시코산은 불과 2%에도 미치지 못한다. 세계 제일의 카카오 공급원은 코트디부아르이며, 브라질·가나·말레이시아·인도네시아 등이 그 뒤를 잇는다. 하지만 카카오의 원산지인 멕시코는 열한 번째 생산국에 불과하다.

초콜릿과 교회

교회는 직·간접적으로 초기 초콜릿 역사에서 중요한 역할을 수행했다. 또한 16~17세기에 있었던 신·구교 간의 종교전쟁은 어떤 방식으로든 유럽에서 점차적으로 초콜릿이 등장하는 데 역할을 했다. 이 종교전쟁에 깊이 관여한 예수회는 가톨릭교회의 권력을 강화하기로 하면서 유럽과 라틴아메리카에서 하나의 정치적 세력을 형성했다.

처음으로 초콜릿을 스페인과 이탈리아, 프랑스에 가져온 이는 신대륙 개척자들이라기보다는 그들의 국제적인 선교 조직망을 통해 들여온 예수회라고 보는 견해도 무리가 아니다. 예수회가 선교에 박차를 가한 덕분에 가공되지 않은 카카오원두는 유럽으로 수출될 수 있었고, 당시 스페인 식민지배자들은 돈벌이가 되는 라틴아메리카에서의 카카오원두 거래를 독점할 수 있었다.

18세기까지 유럽 및 라틴아메리카에서도 수사와 수녀들은 아스텍에서 전해진 방식으로 초콜릿을 만들었다. 토마스 게이지는 『영국계 미국인, 그의 육지와 바다를 통한 여행, 또는 서인도의 새로운 개관』에서 "수도원 경내에서 종교적 실천에 대해서보다는 오히려 그 지역에서 애용하는 음료인 초콜릿에 관한 이야기가 더 많았다. 그들은 멕시코 내뿐만 아니라 스페인에도 초콜릿을 보내기 위해 상자를 포장하는 작업을 했다"고 적고 있다.

스페인과 프랑스, 이탈리아와 같은 가톨릭 국가에서는 초콜릿과 종교적 금식을 둘러싼 논쟁이 일어났다. 곧 '초콜릿을 마시는 것이 종교적 관례인 금식에 위배되는가'의 문제가 오랫동안 논란의 대상이 되었다. 이 논쟁의 쟁점은 결국 '초콜릿은 음료인가 음식인가' 하는 문제로 요약된다. 만약 음료인 동시에 음식이라고 한다면, 사순절을 비롯한 여러 금식일에 초콜릿에 손댈 수 없기 때문이다. 성직자와 평신도 그리고 때로는 교황까지 말려들었던 이 논쟁은 250년 동안 계속되었다.

신대륙에서 교회는 초콜릿에 관한 매우 실용적인 태도를 취했다. 건강에 좋다고 확신했기 때문에 수사와 수녀들은 이를 매우 즐겼으며, 오랜 금식기간에는 초콜릿이 그들의 영양 공급원이었다. 그러나 구대륙에서는 이러한 견해를 공유하지 못했다. 스페인의 수사들은 초콜릿의 원기를 회복해주는 속성은 간악한 정신의 소행이어서 어떠한 사람도 자신의 정신을 제대로 유지할 수 없기 때문에 그것이 악마의 음료라고 주장했다. 게다가 1650년 예수회는 소속 수사와 수녀들이 이를 마시지 못하도록 했다. 그러나 이러한 규율은 준수되지 않았으며, 무엇보다도 신학생들조차도 이 규율에 반발하였다.

초콜릿이 유럽에서 유행하던 시기에, 커피와 차 그리고 담배·럼주·설탕 등과 같은 다른 열대 산물들의 소비가 증가했다. 유럽인들은 이러한 자극적인 것들을 좋아하기 시작했다. 구대륙의 교회는 설탕을 제외한 이러한 새로운 산물들에는 위험성이 있다고 선언하며 이들에 대해 아주 강경한 반대 입장을 취했다. 그러나 이러한 태도가 유행을 돌려놓을 수는 없었다.

치아파스의 초콜릿

17세기 멕시코에 거주했던 스페인인들은 하루에도 몇 번씩 초콜릿 음료를 마실 만큼 초콜릿에 빠져 있었다. 심지어는 미사 중에도 초콜릿 음료를 마실 정도였다. 멕시코 치아파스의 주교는 초콜릿을 마시는 행위 때문에 끊임없이 미사가 방해되자 강하게 반발했다. 이러한 사실은 토마스 게이지의 책에 상세히 서술되어 있다. 치아파스 레알에 거주하는 상류계층의 백인 부인들이 문제의 중심에 있었다. 그들은 "위가 약해서 미사는 물론 기도 중에도 뜨거운 초콜릿 음료인 '히카라' 한 잔과 자그마한 그릇에 담긴 설탕절임과 시럽을 마시고 기운을 돋우지 않으면 견딜 수 없다"고 불평했다. 또한 "따뜻한 초콜릿 한 잔을 마시지 못하면 교회에 더 이상 다니지 않겠다"고 위협하면서, 한 잔의 초콜릿은 커다란 혼란을 야기하지도 않으며 미사와 강론을 중단시키지도 않는다고 주장했다.

끊임없는 말썽에 짜증이 난 주교는 "교회에서 초콜릿을 마시거나 음식물을 먹는 자는 누구든 파문하겠노라"고 포고하기에 이르렀다. 그러나 이에 개의치 않고 부인들은 아무 일도 없었다는 듯 계속해서 초콜릿을 마셨다. 이러한 행동은 폭력적인 상황을 낳기도 했다. 하인이 들고 있는 초콜릿 잔을 빼앗으려는 신부에게 칼을 들이대는 상황까지 벌어진 것이다.

부인들은 주교의 강론에 참석하기를 거부하고 수도원의 미사에 참석함으로써 반격을 가했다. 교구의 신부는 주교에게 다음과 같이 보고했다. "제가 들은 바와 같이 행하지 못한다 할지라도, 그녀들은 초콜릿이나 통조림 또는 다른 멋진 선물들을 통해 당신을 죽음에 이르게 하는 식으로 복수할지도 모릅니다." 그런데 실제로 주교는 병에 걸려 일주일 후 끔찍한 죽음에 이른다. 토마스 게이지는 "그의 머리와 얼굴은 너무나 부풀어 올라 가벼운 상처에도 고통스러워했으며, 그 상처들로 인해 피부는 갈라지고 흰 고름이 나와 온몸을 뒤덮을 정도로 흘러 내렸다"고 기술한다. 소문에 따르자면 주교를 독살한 사람은 게이지가 잘 아는 여자와 주교의 시동이었는데 이들 두 사람은 친밀한 관계였다고 한다. 이후 '치아파스의 초콜릿을 조심하라'는 속담이 출현했다.

초콜릿 음료를 위한 기구들

　　초콜릿 음료를 만드는 과정은 올멕, 마야 그리고 아스텍 시대부터 19세기 전반에 이르기까지 거의 변화가 없었다. 먼저 카카오원두를 볶고 여기에서 불순물을 제거하고, 이를 절구통에 넣고 으깬다. 다음에는 메타테라는 맷돌에서 갈았다.

　　이렇게 간 카카오를 물에 넣고 거품을 내면서 섞어주면 초콜릿 음료가 완성된다. 스페인 정복 이전 중앙아메리카의 토착민들은 한 용기에서 다른 용기에 붓는 방식으로 초콜릿을 만들었다. 그러나 일종의 거품기인 '몰리니요'가 등장하면서 변화가 생긴다. 몰리니요는 큰 그릇에 초콜릿을 담고 두 손으로 손잡이를 비벼 돌리면서 거품을 내는 기구로, 긴 나무막대 끝에 몇 개의 날개가 달려 있는 도구였다. 스페인의 식민지 정착민들은 용기에 나무 뚜껑을 덮고, 그것에 구멍을 뚫어 몰리니요를 넣고 돌려주는 것이 거품을 낼 때 편리하다는 것을 깨달았다. 이것이 '초콜릿 주전자'의 원조격이다.

바로크 시대의 스페인과 이탈리아에서는 이와 비슷한 모양의 초콜릿 주전자를 은이나 동으로 만들었다. 17세기 말이나 18세기 초, 프랑스인들은 이를 더 개선하여 주전자 옆과 직각을 이루는 나무 손잡이가 달린 초콜릿 주전자를 발명했다. 위에는 경첩이 달린 뚜껑이 있고, 중앙에는 구멍이 나 있어 몰리니요를 끼울 수 있었다. 이러한 초콜릿 주전자는 도자기로 만들어진 것도 있다.

초콜릿 유럽에 가다

스페인, 초콜릿의 선구자

1528년 코르테스는 스페인에 돌아왔다. 그는 지금까지 유럽에 알려지지 않은 산물들, 곧 토마토·강낭콩·감자·옥수수·고추·담배와 카카오열매를 싣고 왔다. 그러나 스페인에 초콜릿 공장이 생기고 카카오열매 화물이 정기적으로 들어온 것은 1585년의 일로 그로부터 꽤 오랜 시간이 지난 후였다. 물론 16세기 내내 군인들과 민간인, 그리고 성직자들이 대서양을 왕래하면서 끊임없이 물건들이 오고 갔는데, 그중에는 초콜릿도 당연히 포함되어 있었다. 또한 중앙아메리카의 수도원과 스페인의 수도원 사이의 연락망은 초콜릿 전파에 지대한 공헌을 했다. 유럽인들이 르네상스 시대에 카카오원두와 초콜릿을 발견했다면, 이 음료가 널리 퍼진 것은 바로크 시대에 이르러서이다. 그리고 이 음료를 만들고 소비가 이루어진 곳도 바로크 시대 권력자의 궁전과 부유층의 저택이었다.

다른 희귀한 수입품과 함께 수입된 초콜릿은 중과세 대상이었기 때문에 매우 비싸 일반인이 접근하기 어려운 상품이었다. 따라서 초콜릿은 아스텍족에서와 마찬가지로 스페인에서도 특권층의 음료였다. 스페인에 도착한 이 신비로운 식품은 원기를 북돋우고 최음 효과가 있다고 알려지면서 급속도로 퍼져나갔다. 초콜릿을 음료가 아니라 일종의 '약으로 받아들인 셈이다. 초콜릿이 한 궁정에서 다른 궁정으로, 이 귀족 저택에서 저 귀족 저택으로, 이 수도원에서 저 수도원으로, 온 유럽을 돌아다닐 수 있었던 것은 바로 이 때문이었다. 가장 먼저 초콜릿을 도입한 스페인에서는 17세기 전반 동안 초콜릿 음료를 마시는 것이 궁정이나 귀족문화 속에 정착하였다. 프랑스의 귀족부인 마담 돌노니는 스페인을 방문하였을 때 스페인의 초콜릿 문화에 대해 깊은 인상을 받았던 모양이다. "사람들은 너무나 많은 후추와 향신료를 넣어 초콜릿을 마시는데, 혀가 타지 않는 게 이상했다."

대부분의 도시에 초콜라테리아스chocolaterías라는 초콜릿 가게가 들어섰고, 오후에 초콜릿 음료 한 잔에 일종의 도넛과 같은 피카토스테picatoste를 적셔 먹는 것이 유행했다. 오늘날에도 이러한 풍경을 보는 것은 어렵지 않다. 초콜릿이 제과나 디저트 부문에 도입되는 것도 그리 오래 걸리지 않았다. 다른 유럽 국가와 마찬가지로 스페인 또한 오랫동안 커피나 차와 같은 자극적 식품에 경도되어 있었다. 초콜릿은 멕시코에서처럼 요리 분야에도 적용되었는데, 스페인인들은 전통적으로 고기나 생선요리 등에 초콜릿 소스를 함께 내놓기도 한다.

이탈리아, 초콜릿 수출국

이탈리아가 스페인과 포르투갈에 이어서 초콜릿을 받아들인 것은 확실하지만, 최초로 누구에 의해 이것이 유입되었는가는 여러 설이 있다. 그 가운데 하나는 스페인에 피신해 있던 사보이 가문의 엠마누엘레 필리베르토 공작에 의해 유입되었다는 설이다. 이 설은 대중적으로 잘 알려져 있지만, 더 유력한 견해는 처음 초콜릿을 소개한 이가 피렌체의 상인인 안토니오 카를레티라 하는 것이다. 그는 바로크 시대의 마르코 폴로와 같은 인물로, 새로운 시장이나 물품을 찾기 위해 온 바다를 휘젓고 다녔다. 그는 17세기 초 라틴아메리카에 들어가 거대한 카카오 농장을 발견한다. 카카오의 재배부터 가공처리, 그리고 초콜릿 음료를 만드는 방법에 이르기까지의 모든 과정을 그의 견문록에 상세히 기록하고 있다. 물론 유럽과 라틴아메리카를 연결하는 수도원이나 수녀원 같은 성직자 조직의 연락망을 통해 초콜릿이 중부 및 북부 이탈리아에 널리 퍼졌을 가능성도 배제할 수 없다.

이탈리아에서는 지역 간의 전쟁으로 인해 연합전선을 구축하기 위한 정략적 결혼이 많았다. 1879년 통일이 되기 전까지 이러한 외교적인 관계를 통해 다양한 국가 연합을 형성했다. 결혼할 때 젊은 왕족들은 그들의 하녀와 요리사들을 데려갔고 또한 즐기는 식료품을 가져왔으며, 이런 경로를 통해 초콜릿은 점차 다양한 지역으로 퍼져나갔다.

17세기 북부 이탈리아, 특히 페루자와 토리노를 중심으로 상당수의 초콜릿 제조업자들이 있었다. 17세기 말에 이르면 이탈리아의 초콜릿 가공기술은 상당한 수준에 이르게 되며, 이들은 하루에 350kg의 초콜릿을 오스트리아·스위스·독일·프랑스 등의 국가에 수출하게 된다.

프랑스, 살롱의 음료

프랑스 또한 곧바로 초콜릿의 매력에 빠져 들었다. 스페인이나 이탈리아와 마찬가지로 어떻게 프랑스에 초콜릿이 유입되었는가에 대한 의견 역시 분분하다. 혹자는 프랑스의 수도원과 스페인의 수도원 사이의 교류를 통해 초콜릿이 들어왔다고 주장한다.

또 다른 설은 프랑스에서는 초콜릿을 약으로 받아들였다고 하는 것이다. 프랑스의 한 역사가는 추기경 리슐리외가 '자신의 분노와 나쁜 성격을 진정시키기 위해' 초콜릿을 마셨으며, "당시 리슐리외와 교류가 있었던 스페인의 수도사들이 이를

17세기 프랑스, 초콜릿을 마시는 귀족부부

가져왔다"고 밝히고 있다.

가장 일반적인 견해로는 1615년 루이 13세와 결혼한 스페인의 공주 안느 도트리쉬가 초콜릿을 프랑스에 가져왔다는 설이 있다. 초콜릿을 가지고 한 무리의 하녀들과 함께 궁정에 도착한 그녀는 많은 초콜릿 신봉자들을 만들었다. 하지만 아직은 소수만이 이를 맛볼 수 있었다. 1643년 루이 13세가 죽은 뒤, 여왕은 섭정을 하면서 그의 입맛을 궁정에 정착시켰다. 그녀의 애인 마자랭 추기경은 이탈리아 초콜릿업자를 고용하기도 했다.

1660년 루이 14세와 결혼한 또 다른 스페인 공주 마리 테레즈 또한 초콜릿 신봉자였다. 왕은 초콜릿을 '허기를 면해주는 듯하지만 위는 채워주지 않는 음식'이라고 하면서 왕비에 대한 적의를 드러냈다. 어쨌든 초콜릿은 크게 유행하였으며, 궁정 살롱에서 월요일·수요일·목요일마다 마셨다. 루이 14세와 비밀리에 결혼한 두 번째 왕비 마담 드 맹트농은 왕을 설득해서 베르사이유 왕궁의 축제 때 초콜릿 음료를 대접하도록 했다. 이러한 초콜릿에 대한 기호는 궁정을 넘어 귀족의 살롱에까지 이르게 된다.

루이 15세의 애첩들인 마담 드 퐁파두르와 마담 뒤 바리는 다른 이유에서 초콜릿을 애용했다. 마담 드 퐁파두르는 피를 뜨겁게 하기 위해 초콜릿을 즐겼는데, 루이 15세가 그녀를 '검둥오리처럼 차갑다'고 했기 때문이라 한다. 마담 뒤 바리는 초콜릿을 그의 애인들에게 주었는데, 이는 사랑의 열정을 자극하고 고무하기 위해서였다. 이러한 방종의 시기에 초콜릿은 성욕촉진제로서의 역할을 했다.

1770년 루이 16세와 결혼한 마리 앙트와네트는 자신의 초콜릿 제조업자를 오스트리아로부터 데려온다. 그녀는 설탕과 바닐라만 첨가해서 단순하게 만들어진 초콜릿을 즐겼다. 그는 '여왕의 초콜릿 제조사'라는 직책을 만들었는데, 이 직책은 '자랑스러운 문장 장식을 여러 개 단 남작의 직위보다 더 돈벌이가 되는' 자리였다.

초콜릿이라는 새로운 산물은 아직 제대로 규정되지 않았기 때문에 한편에서는 열광을, 다른 한편에서는 의심을 낳았다. 애호가들은 이 식품의 영양적인 측면과 약으로의 효능을 강조했고, 혐오자들은 초콜릿의 효능을 의심하면서 이를 마시는 것을 타락한 행위라고 비난했다.

이러한 두 측면은 당시 초콜릿의 애호가였던 마담 드 세비네에게서도 동시에 나타난다. 1671년에 딸에게 보낸 한 편지에서는 "네가 몸이 좋지 않아 잠을 못 자면 초콜릿이 원기를 북돋워 줄 것이다"라고 쓰고 있다. 하지만 두 달 뒤의 편지에서는 완전히 다른 모습을 보인다. "초콜릿이 이제 나에게는 아무것도 아니다. 유행은 언제나 그렇듯이 나를 잘못된 길로 이끄는구나. (중략) 초콜릿은 우울증과 심폐증의 원인이라고 한다. 초콜릿은 잠시 동안 편안하게 해 주지만, 갑자기 열이 나게 하여 죽게 만든다는구나. (중략) 하나님의 이름을 걸고 절대로 마시지 말아라."

또 다른 편지에서는 괴틀로공 후작 부인에 관한 끔찍한 이야기를 전하고 있다. "그녀는 임신 중에 너무나 많은 초콜릿을 마셔서 악마처럼 검은 사내아이를 낳았는데 그 아이는 곧바로 죽어버렸다." 그러나 3일 뒤에는 다시 잃어버린 초콜릿에 대한 열정을 되찾았다. "나는 다시 초콜릿과 화해해서 그저께는 저녁을 먹고 소화시키기 위해 한 잔을 마셨다. 그리고 어제는 저녁까지 아무것도 먹지 않기 위해 영양보충으로 한 잔을 마셨다. 이 때문에 난 초콜릿을 좋아한다."

초콜릿을 둘러싼 찬반의 논의에도 불구하고 초콜릿의 소비는 계속해서 증가했지만, 생산은 정체되었다. 이는 초콜릿 제조작업의 효율성이 매우 낮았기 때문인데, 메타테에서 카카오 원두를 갈기 위해서는 아스텍족의 전통적인 방식에 따라 무릎을 꿇은 상태에서 작업을 해야 했다. 1732년 뒤뷔쏭은 숯으로 불을 때는 높은 작업대를 발명하는데, 이로써 작업자는 서서 일할 수 있게 되고 생산성은 높아진다. 1778년 파리에서 도레는 수력에 의한 카카오 분쇄기를 발명한다.

또한 가짜 초콜릿들이 잇달아 등장하는데, 행상들은 카카오 찌꺼기와 아몬드 반죽을 섞어 초콜릿으로 속여 팔았다. 1740

년 사바리는 "파리는 가장 질 나쁜 초콜릿을 만들어내는 곳"이라고 기술하고 있다.

독일과 오스트리아, 초콜릿 애호가 괴테

독일은 30년 전쟁으로 황폐해져 초콜릿과 같은 이국적인 산물들이 유입되지 못하고 있었다. 따라서 스위스와 마찬가지로 초콜릿은 독일에 상당히 늦게 유입됐는데, 얼마동안은 약으로 여겨져 약국에서 판매되기도 하였다. 그러나 17세기 중반 상류사회에서 초콜릿이 각광을 받기 시작하면서 그 열기는 이 도시에서 저 도시로 빠르게 퍼져 나갔다. 초콜릿은 베를린 사람들에게는 여전히 맛없는 강장제 정도로만 받아들여졌지만, 드레스덴과 라이프치히에서는 열광적인 환영을 받았다. 라이프치히의 상류층은 독일 최초의 초콜릿 살롱 중 하나인 카페 '펠쉬'에서 초콜릿을 마시는 것이 일반화되었다.

독일의 초콜릿 애호가 중에는 괴테와 쉴러가 있다. 괴테는 이 음료를 영감의 원천으로 보아 죽을 때까지 마셨다고 한다. 여행 중에도 그는 그가 좋아하는 초콜릿인 라이프치히의 리게트 초콜릿을 보내달라고 부인에게 편지를 보내곤 했다.

오스트리아에서 비엔나의 귀족들은 새로운 음료를 재빨리 받아들였다. 특히 마드리드에서 돌아온 칼 6세는 초콜릿의 보급에 결정적인 역할을 한다. 오스트리아는 독일과 마찬가지로 초콜릿에 세금을 부과하지 않았기 때문에 비엔나에서의 초콜릿 열풍은 대단했다. 초콜릿은 음료에 그치지 않고 제과 분야에 들어와 탁월한 제과업자들은 독일에서는 '포레 누아르'와 오스트리아에서는 '자허토르테'를 탄생시켰다.

영국, 초콜릿 하우스

16세기 스페인이 카카오열매를 본국에 실어 나를 때에도 영국은 이 새로운 식품에 대해 어떠한 관심도 보이지 않았다. 심지어 스페인의 항구와 화물선을 약탈하던 영국의 해적들도 카카오의 경제적·문화적 가치를 전혀 알지 못했다. 그들은 배에 선적된 카카오열매를 바다에 던져 버리곤 했다.

마침내 차, 커피와 함께 초콜릿은 영국에 도착하였고, 제일 먼저 영국인들을 사로잡았던 것은 커피였으나 초콜릿도 곧바로 발맞추어 나아간다. 1657년에는 한 프랑스인이 처음으로 초콜릿 하우스를 열었고, 이어서 이탈리아인이 세인트 제임스 궁 근처에 '화이트 초콜릿 하우스'를 열었는데, 이 유명한 초콜릿 하우스와 경쟁관계에 있던 '코코아 트리'도 근처에 생긴다. 우연스럽게도 두 초콜릿 살롱을 찾는 이들은 정치적으로 반대 입장에 있었던 이들이었다. 코코아 트리에는 왕정주의자인 토리당원들이, 화이트 초콜릿 하우스에는 휘그당원들과 자유문인들이 출입했다.

상류계층에게 있어 커피 하우스와 초콜릿 하우스는 대담을 나누고 정치적 음모를 꾸미는 장소이기도 했다. 그러자 1675

년 찰스 2세는 이 두 유형의 하우스를 폐쇄하려고 시도했다. 폐쇄하려는 이유는 '정치인과 사업가들이 너무 이곳을 자주 드나늘어 가족을 소홀히 한다'는 것이었지만, 진정한 이유는 1649년 그의 아버지를 처형하게 했던 모반을 일으킬 음모를 사전에 차단하기 위한 것이었다. 그러나 그러한 시도는 성공하지 못했다.

유럽의 다른 나라와 마찬가지로 영국은 초콜릿을 잠재적인 세수입의 원천으로 보았기 때문에, 카카오원두 수입업자는 물론 초콜릿 제조업자나 판매자도 상당한 세금을 내야만 했다. 결국 이러한 중과세로 인해 가짜 초콜릿이 등장한다. 심지어는 곱게 빻은 벽돌가루를 섞어 넣기도 했으며, 카카오열매와 원두 껍질을 섞어 넣는 것이 일반화되었다. 1850년경부터 많은 양이 수입되고, 퀘이커 교도인 초콜릿 대규모 제조업자들이 초콜릿이 영양식이라는 것을 정부에 인식시킴으로써 과중한 세금은 줄어들었다.

미국, 영양식으로서의 초콜릿

1765년 초콜릿은 대륙을 거쳐 대서양으로 다시 건너가는데, 아마도 영국 식민지 통치자들을 통해서 미국에 전해졌을 것으로 추정된다. 또한 페루의 리마에 이주한 이탈리아 제과업자 도밍고 지라르델리가 금광을 찾기 위해 미국 서부에 온 대규모의 이주자들에게 생필품을 공급하면서 초콜릿이 함께 유입되었을 가능성도 있다. 스페인의 통치에서 벗어난 자메이카로부터 카카오원두를 직접 수입했다는 주장도 있다.

미국의 제3대 대통령 토마스 제퍼슨은 초콜릿을 높이 평가한 사람 중 하나이다. "초콜릿은 건강이나 영양 면에서 탁월하기 때문에, 스페인에서와 마찬가지로 미국에서는 차나 커피보다 더 선호하게 될 것이다."

미국의 초콜릿 수용방식은 유럽과는 다르다. 부유층에서는 이 음료를 즐겼지만, 초콜릿 살롱이 아닌 자신의 집에서 마셨던 것이다. 유럽에서는 초콜릿의 소비가 상류사회에만 국한되어 있었다면, 이곳에서는 곧바로 대중화되었다. 유럽에서는 초콜릿의 우아함과 현학적인 측면이 강했던 반면 미국에서는 '영양식'의 측면이 강조되었기 때문에, 미국에서는 상류사회에만 국한되지 않고 단시간에 상당수의 소비자들을 확보했다.

최초의 초콜릿 공장은 1765년 제임스 베이커와 존 해넌이 매사추세츠에 세운 것이며, 이후 1884년 밀턴 허시가 펜실베이니아에, 1885년 도밍고 지라르델리가 샌프란시스코에 각각 초콜릿 제조 공장을 세웠다.

마시는 초콜릿에서 먹는 초콜릿으로

반 후텐의 압착기

1828년 카카오 버터의 분리 방법에 관한 여러 차례의 실험 끝에, 네덜란드의 화학자 코엔라드 반 후텐은 매우 정교한 유압 압착기를 고안했다. 1815년 그는 초콜릿에서 카카오 버터를 분리할 때 단순히 끓여서 표면에 뜬 기름을 걷어내는 것과는 다른 방법을 찾아냈다. 열매를 갈아 얻은 액상 초콜릿에는 약 50% 가량의 카카오 버터가 포함되어 있는데, 이 압착기는 그것을 27%까지 줄였고, 이 과정을 통해 얻어낸 건조한 덩어리를 다시 갈아 고운 가루로 만드는 것이 가능해졌다.

그러나 반 후텐은 여기에 만족하지 않고 더 나아가, 이 가루에 알칼리염을 첨가함으로써 물에 보다 쉽게 용해되도록 했다. '네덜란드 방식(Dutching)'이라 불리는 이 방법은 또한 초콜릿의 색깔을 강화하면서 동시에 향을 약화시킨다. 오늘날까지도 맛이 강하다는 이유에서 '네덜란드식' 초콜릿을 선호하는 사람들이 많은데, 사실 단순히 색깔이 더 진해서 눈길을 끌 뿐이다.

반 후텐의 성과는 초콜릿 산업을 혁명적으로 바꾸어 놓았다. 반 후텐의 방법은 오늘날 코코아 가루라 불리는ㅡ 반 후텐은 '카카오 엑기스'라고 함ㅡ 것을 생산하기에 이른다. 따라서 번거롭게 카카오 원두를 갈아 만들었던 걸쭉하고 거품 많은 초콜릿 음료는 이제 코코아 가루를 타서 손쉽게 만드는 오늘날의 부드러운 음료로 바뀌게 된다. 반 후텐이 새로운 지방 제거법과 알칼리염 처리 방법을 개발하여 초콜릿은 분말과 고체의 두 가지 형태로 대량생산이 가능하게 되었다. 반 후텐은 그의 권리를 양도했고, 무한 경쟁은 시작되었다. 그의 영국의 두 고객 프라이Fry 사와 캐드버리Cadbury 사는 초콜릿 시장에 지체 없이 뛰어들었고, 결국 그의 방법은 초콜릿 산업의 경계를 넓혔다. 이는 '먹는 초콜릿', 바로 판형 초콜릿과 초콜릿 당과 생산으로 도약하는 계기가 된다.

먹는 초콜릿

그렇다면 이제 '추출한 카카오 버터를 어떻게 사용할 것인가의 문제에 이르게 된다. 한 초콜릿 제조업자는 이 버터를 카카오 반죽, 그리고 설탕과 함께 섞을 생각을 했다. 그 결과 부드럽고 말랑말랑한 초콜릿 반죽이 탄생했다. 이는 지방 성분이 설탕의 용해를 도와주어 전혀 덩어리가 지지 않고 부드러웠다. 반죽은 틀 속에 들어갈 수 있을 정도로 충분한 액체 상태였기 때문에 여러 형태로 가공하기에 적합했다.

이러한 과정을 통해 '먹는 초콜릿'이라는 개념이 탄생하게 된다. 프라이 사는 최초로 판형 초콜릿을 만드는 데 성공했으며, 이것에 '먹는 달콤한 초콜릿'이라는 이름을 붙였다. 1849년 버밍엄에서 열린 식품 박람회에서 선보인 판형 초콜릿은 곧바로 엄청난 호응을 얻었다. 곧이어 캐드버리 사는 최초로 초콜릿 봉봉 상자를 선보이고 이어서 성 밸런타인을 위한 특별한 초콜릿 상자를 내놓았다. 다른 당과 제조업자들도 먹는 초콜릿을 출시하기 시작하면서 '먹는 초콜릿 시대'가 도래했다. 하지만 아직 먹는 초콜릿은 비쌌기 때문에 상류계층에서 즐겨 찾았으며, 노동계층은 코코아로 만족해야 했다.

스위스, 초콜릿의 나라

오늘날 스위스와 초콜릿이라는 두 단어는 서로 떨어뜨려 생각할 수 없다. 19세기 말 이후부터 스위스는 초콜릿계의 왕자로 군림하고 있고, 현재에도 1인당 초콜릿 소비량은 약 5.1 kg으로 세계 제일이다. 그러나 스위스는 18세기 경제성장과 더불어 뒤늦게 초콜릿을 발견한 나라이다.

스위스의 초콜릿의 역사는 프랑수아 루이 카이예(1796~1852)와 함께 시작한다. 이탈리아에서 초콜릿 기술을 배운 그는 1819년 제네바 호수에 인접한 코르시에 자신이 개발한 수력식 분쇄기계를 가지고 스위스 최초의 초콜릿 공장을 세운다. 다음으로 등장한 이는 바로 필리프 쉬샤드였다. 그는 1825년 뇌샤텔에 초콜릿 당과류 가게를 열고, 이듬해에는 자신의 공장에서 초콜릿을 생산한다. 쉬샤드는 판형 초콜릿과 초콜릿 봉봉으로 명성을 얻고 사업을 확장했다. 쉬샤드가 만든 이 회사는 1901년 그 유명한 판형 밀크 초콜릿 '밀카'를 선보였다. 오늘날에도 밀카는 이 회사의 대표적인 상품이며, 회사를 상징하는 연보라색의 암소와 함께 광고에 등장한다.

그러나 최초의 밀크 초콜릿은 두 사람의 합작품으로 탄생했다. 한 사람은 스위스 화학자인 앙리 네슬레로, 그는 1867년에 증류와 탈수 과정을 통해 분유를 만드는 방법을 발견했다. 또 한 사람은 초콜릿 제조업자 다니엘 페터였다. 그는 네슬레가 개발한 분유와 초콜릿을 혼합해서 최초로 밀크 초콜릿을 탄생시켰다. 그 덕분에 스위스는 세계적인 초콜릿 국가라는 명성을 얻었다.

또 하나의 발명이 '스위스는 초콜릿의 나라'라는 이미지를 확실히 심어주었다. 1879년 루돌프 린트는 '콘칭Conching'이라는 새로운 초콜릿 제조 방법을 고안해냈다. 이 방법이 등장하기 이전의 초콜릿은 마치 모래가루가 들어간 것처럼 거칠었지만, 콘칭 과정을 거치면 초콜릿은 입자가 매우 작아지고 쓴맛과 신맛이 약화되어 아주 부드러운 맛을 내게 된다. 이로써 린트는 부드럽게 녹는 '퐁당 초콜릿'을 탄생시킨다.

이처럼 여러 가지 제조 방법을 발명한 스위스는 한 걸음 더 나아가 초콜릿의 겉에 카카오 버터 결정이 생겨 표면이 거칠어지고 퇴색한 얼룩이 생기는 문제를 해결하기 위한 '탬퍼링'이라는 방법을 고안한다. 탬퍼링은 초콜릿 원액의 온도를 올린 뒤 지방의 결정 구조가 해체되도록 온도를 일정하게 내렸다 다시 올리는 방법이다. 이 탬퍼링은 카카오 버터가 많이 포함되어 있는 고급 초콜릿을 생산하는 데 있어 오늘날까지도 여전히 중요한 과정이다.

미국, 초콜릿의 대중화

미국 초콜릿 산업의 일대 혁신은 밀턴 스네이블리 허시에 의해 이루어진다. 캐러멜을 비롯해 여러 과자를 만들어 팔던 허시는 1893년 시카고에서 열린 만국 박람회에 갔다가 초콜릿 제조 기계들을 보게 된다. 이 기계로 캐러멜에 초콜릿을 입힌 과자를 팔기 시작하면서 초콜릿 제조업에 뛰어든다. 이후 허시는 초콜릿 공장을 짓고 본격적인 초콜릿 생산에 들어갔는데, 모든 제품을 기계와 컨베이어 벨트를 갖춘 조립 라인에서 생산함으로써 대량생산이 가능해졌다. 허시는 제품 판매에 있어서도 탁월한 수완을 보여, 그의 회사에서 생산되는 밀크 초콜릿과 초콜릿 바, 코코아는 곧 미국 시장을 석권한다. 이미 1920년대 중반 허시 사는 하루 약 2만 3천㎏의 허시 코코아를 생산하게 된다. 허시 사의 최대 인기 상품은 바로 '키세스 Kisses'다. 이 작고 한입에 쏙 들어가는 밀크 초콜릿은 하나씩 은박지로 낱개 포장되어 있는데, 키세스 초콜릿은 오늘날까지도 큰 인기를 누리고 있는 제품이다.

서부에서는 지라르델리가 새로운 성형 기술을 적용하여 생산하기 시작한 판형 초콜릿이 이내 고급품의 대열에 합류했다. 전문 초콜릿 가게가 곳곳에 등장했으며, 대부분의 도시에는 초콜릿 가게가 하나 이상씩 있었다.

최초의 초콜릿 제조업자들은 독자적으로 카카오원두를 수입하거나 비싼 장비에 돈을 투자하지 못했으므로 기타르와 같은 대규모 업자로부터 큰 블록의 쿠베르튀르 초콜릿을 구입했어야 했다. 그러나 20세기에 이르러서 그들은 카카오원두를 직접 구매하고 나아가 카카오 농장을 직접 운영하는 원료 생산에서부터 가공, 그리고 초콜릿의 제조에 이르는 전 과정을 지배하게 된다.

초콜릿은 제과영역에도 자리를 넓혀가면서 초콜릿을 이용한 다양한 조리법들이 등장하기 시작한다. 유럽에서도 비약적인 발전이 이루어졌다. 포레 누아르·자허토르테·브라우니와 같은 케이크·초콜릿 과자·초콜릿 아이스크림, 그리고 다양한 형태의 디저트들이 계속해서 등장했다. 미국에서는 1917년 엘리스 브레들리가 『사탕요리Candy Cook Book』를 출판하면서 60여

가지 이상의 초콜릿 조리법과 초콜릿에 관한 다양한 글을 소개하고 있다.

제2차 세계대전 동안 미국은 초콜릿 바를 미군 병사의 1일 전투 식량에 포함시켰다. 펜실베이니아에 있는 허시 사와 같은 초콜릿 대규모 제조업자들은 태평양에 파견된 부대를 위해 비타민이 풍부한 125g의 초콜릿 바를 만들어 대량 공급했다. 결국 미군의 전투식량은 아시아 지역에도 초콜릿이 소개되는 데 결정적인 역할을 하게 된다.

이상적 도시 건설, '초콜릿 마을'

유명한 초콜릿 제조업자들 가운데 몇몇은 자신의 정치적 또는 종교적 신념에 따라, 초콜릿으로 쌓은 부를 가지고 이상적인 도시를 건설하고자 했다. 프랑스의 유명한 초콜릿 제조업자 에밀 쥐스탱 므니에(1826~1881)도 그런 사람이었다. 프랑스의 약제사이자 초콜릿 제조업자의 아들로 태어난 그는 아버지의 사업을 이어받아 초콜릿 제조 사업을 확장했다. 그는 직접 카카오 농장과 제당산업에 참여함으로써 원재료들을 확보했다. 또한 광고를 이용한 도전적인 상업전략으로 '세계 최초의 대규모 초콜릿 제조업자'로서 인정받았다.

1874년 므니에는 공상적 사회주의자 푸리에의 영향을 받아 직원들을 위해 학교와 도서관, 의료시설, 정원을 갖춘 단지를 프랑스의 누아젤에 조성했다. 이곳의 사람들은 므니에 잡화상에서 므니에 코인으로 상품을 샀으며, 므니에 농장에서 나오는 상품들을 원가에 살 수 있었다.

영국의 퀘이커 교도 초콜릿 제조업자들도 이와 같은 이상적 마을을 건설했다. 캐드버리 가문은 공장이 있는 버밍엄 근교 본빌에 직원들이 거주할 수 있는 주택은 물론, 식당과 도서실까지 갖춘 모델 타운을 만들었다. 그곳에서는 맥주나 도수가 강한 술을 마시는 것을 금지했다. 캐드버리 가문은 알코올을 싫어했기 때문에, 본빌은 지금까지도 술집이 없는 곳으로 유명하다. 영국의 또 다른 기업가 조지프 론트리는 노동자들을 위해 요크 교외에 이와 유사한 모델타운을 세웠다.

20세기 초, 미국의 초콜릿 제조업자, 밀턴 스네이즐러 허시는 캐드버리나 론트리와 같은 이들의 야심을 능가하는 대규모 모델 타운 '초콜릿 마을, 허시'를 펜실베이니아주 데리 마을에 건설했다. 이 마을에는 중심부를 관통하는 '초콜릿 거리'와 '코코아 거리'가 있고, 이 두 거리를 가로지르는 작은 도로들에는 허시 사가 카카오를 실어 날랐던 항구, 즉 카라카스·그라나다·아루바·트리니다드·바바·팔라 그리고 실론 등과 같은 이름들이 붙여져 있다. 이 마을에는 거대한 공장을 중심으로 오갈 데 없는 아이들을 위한 산업학교, 허시 백화점, 허시 은행, 직원 클럽, 여러 교회, 도서관, 소방서, 학교, 동물원과 위락 시설을 겸비한 공원, 허시 호텔, 골프장 등이 있었다.

므니에가 건설한 노동자 도시는 공상적이었지만 자본주의에 사회주의를 접목하려는 시도였다. 하지만 영국의 캐드버리나 미국의 허시가 건설한 노동자 도시는 가부장적인 도시였다. 캐드버리 가문은 이 도시에 자신의 종교인 퀘이커교 이념을 실현시키고자 가부장적인 질서와 통제를 부여했다. 또한 허시 마을은 마을 이름 그 자체가 가부장적 자본주의의 절정이다. 이 도시에는 시장도 없었고 공적으로 선출된 어떠한 행정 체제도 없는, 그저 자비심 많은 밀턴 허시의 입김에 의해 좌우되는 그런 곳이었기 때문이다.

초콜릿이 만들어지기까지

카카오의 재배와 가공

카카오의 재배

카카오나무는 상록수이다. 테오브로마 카카오라는 학명을 지닌 카카오나무는 북위 20°와 남위 20° 사이의, 강수량이 많은 열대지방에서 자란다. 평균기온은 18℃에서 32℃ 사이여야 하는데, 카카오나무가 정상적으로 자라고 많은 꽃과 열매를 맺게 하는 이상적인 기온은 21℃에서 25℃ 사이이다. 카카오나무는 또한 많은 수분을 필요로 한다. 1년에 최소 1,250㎖에서 최대 3,000㎖의 비가 내려야 하며, 1년 중 건기가 3개월을 넘지 않아야 한다. 건기 중에도 최소한 100㎖ 이상의 비가 내려야 한다. 따라서 열대지역이라 해도 고도가 높아 최저 기온이 18℃ 이하이고 건조한 지역은 생육에 적합하지 않다.

또한 카카오나무는 오직 큰 나무의 그늘 아래에서만 자란 다. 카카오나무는 바람과 햇볕으로부터 벗어나 있어야 성장에 결정적인 역할을 하는 수분을 보존할 수 있다. 다시말해 그늘 과 땅 위에 깔린 나뭇잎들이 나무와 땅의 수분 증발을 막아줌 으로써 건기에도 습도를 유지할 수 있다. 그늘은 최소한 50% 이상의 햇볕을 막아주어야 한다(그러나 그라나다와 자메이카의 일부 등 몇몇 지역에서는 토양이 충분히 습하고 양분이 많기 때문 에 그늘 없이도 성장한다). 또한 카카오나무는 꼬투리부패병·마 름병 등과 같은 갖가지 병에 걸리기도 쉽고, 당분이 많은 카카 오열매의 과육을 즐기는 야생동물로 인해 피해를 보기도 한 다. 따라서 이러한 피해를 방지할 노력이 필요하다.

카카오나무는 사과나무와 거의 같은 크기로 자라며 3년이 지나면 열매를 맺기 시작한다. 일반적으로 생장조건이 맞으면 적어도 20년 정도까지 열매를 맺고, 예외적으로 수령이 100년 에 이르는 나무도 있다. 진녹색의 윤기 있는 잎은 월계수잎과 유사하며 길이가 30㎝에 달한다. 일반적으로 과일나무의 꽃 은 나뭇가지를 따라서 또는 나뭇가지 끝에 피는 데 반해, 카카 오나무의 옅은 장미색의 작은 꽃은 나무줄기나 커다란 가지에 서 다발 형태로 열린다(이를 줄기꽃이라고 부른다).

수정이 이루어지고 약 5개월이 지나면 열매가 익는다. 수정 된 꽃은 끝부분이 뾰쪽하고 타원형의 열매를 맺는다. 카카오 농장은 다양한 색채로 장관을 이루는데, 열매가 익으면서 붉은색·녹색·보라색 또는 노란색을 연출한다. 길이가 20㎝ 되는 이 열매 속에는 달고 즙이 많은 흰 과육에 싸여 있는 아몬드 모양의 씨가 20~40개 정도 들어 있다.

수확

카카오열매의 적정 수확 시기는 열매를 두드려보거나 그 색깔을 보면 알 수 있다. 색깔은 녹색에서 노란색으로 또는 붉은색에서 오렌지색 등등으로 변화한다. 하지만 색깔의 변화로는 적절한 수확 시기를 놓칠 수 있어, 마치 수박의 익은 정도를 알아보는 것과 같이 두드려보아 그 울리는 소리로 수확여부를 결정하기도 한다. 따라서 적절한 수확 시기를 결정하려면 다년간의 경험이 필요하다. 수확할 때는 날이 잘 드는 벌채용 칼로 조심스럽게 열매를 따야 한다. 자칫 잘못하면 나무줄기나 커다란 가지에 상처를 내, 새로운 꽃들이 피어나는 데 지장을 주기 때문이다.

몇몇의 국가에서는 카카오를 일 년 내내 수확할 수 있는데, 5월부터 12월까지 가장 활발하다. 반면 다른 지역 특히 서아프리카에서의 수확은 9월부터 이듬해 2월까지 이루어진다.

발효

수확한 카카오열매를 칼로 갈라 과육과 함께 씨를 빼내고, 씨는 과육과 함께 곧바로 다양한 화학적·물리적 변화가 일어

나는 발효과정을 거친다. 발효의 주요목적은 씨앗의 배아를 죽임으로써 발아를 막고 초콜릿의 향을 만들어 내는 것이다.

선통적으로 사용되는 발효방법은 크게 3가지가 있다. 첫 번째 방법은 나이지리아에서 행해지는 방법으로 150kg 정도에 해당하는 분량의 씨와 과육을 섬유로 짠 바구니에 넣고 바나나 잎으로 덮어 발효시키는 것이다. 두 번째 방법은 즙이 쉽게 빠져나갈 수 있는 나무로 짠 판 위에 바나나 잎을 얹고 씨와 과육을 담은 뒤에 잎으로 완전히 감싸주는 것으로, 가나와 코트디부아르에서 널리 행해진다. 세 번째 방법은 아메리카에서 가장 많이 사용되는 것으로 아프리카에서도 행해지기도 하는 것으로, 최대 40cm 높이에 80kg 정도를 담을 수 있는 나무 상자에서 발효시키는 방법이다. 이는 매우 효과적인 방식이며 나무 상자의 틈새는 즙의 배출과 공기 순환을 도와준다. 여기에서도 바나나 잎은 과육과 씨를 덮는 데 사용된다. 바나나 잎의 사용은 일반화되어 있는데, 이것이 효모와 박테리아를 가져와 발효를 가속화시키기 때문이다. 고루 발효시키기 위해서는 날마다 뒤집어주기를 반복해야 한다.

발효기간은 카카오의 품종, 기후조건, 씨앗의 양, 사용되는 방법에 따라 다르다. 포라스테로와 트리니타리오의 경우에는 3~6일 걸리며, 크리오요는 2~3일로 더 짧다.

발효과정은 두 단계로 나뉜다. 먼저 다양한 미생물은 과육의 설탕을 에틸알코올로 바꾸어 주면서 탄산가스를 배출한다. 이틀 동안 온도가 40~50℃로 올라가며 초산에 이어 젖산이 생산된다. 결국 젖산은 씨앗의 배아를 죽이는 역할을 한다. 2~3일 지나면서 씨앗에서 일어나는 화학적 작용은 이를 둘러싸고 있는 지방을 분해한다. 따라서 크리오요의 씨앗은 보라색에서 육계피의 색으로 변하며, 포라스테로의 씨앗은 보라색에서 짙은 밤색으로 바뀐다. 모든 씨앗들은 부풀어 올라 마침내 내부에서 균열이 일어난다. 이러한 과정을 통해 카카오의 쓴맛은 상당히 줄어들며, 신비한 화학적 작용이 카카오의 맛과 향을 북돋워준다. 이렇게 형성된 초콜릿의 향은 볶기 과정을 통해 다시금 진해진다.

건조

발효가 끝나면 건조과정으로 들어간다. 건조과정은 발효를 중단시키고 그 과정 속에 형성된 초산을 60%에서 70% 정도로 줄인다.

가장 전통적인 건조방법은 햇빛에 말리는 것이다. 씨를 대나무나 나무로 만들어진 넓은 판 위에 3~4㎝ 두께로 펼쳐 널어 햇빛에 말린다. 그늘에서 말릴 경우에는 작은 나무 상자 위에 놓여 있는 철망으로 된 발 위에서 말린다. 건조기간은 기후 조건에 따라 다른데 1~4주 정도 걸리며, 잘 마르고 부패되지 않도록 하루에 4번씩 이를 뒤집는다. 비가 많이 오고 습기가 많은 지역에서나 대량 재배가 이루어지는 곳에서는 인위적인 방식, 즉 건조기로 말린다. 이렇게 해서 카카오원두가 탄생한다.

불순물 제거

발효·건조된 카카오원두는 키기오 새배 국가를 떠나 초콜 릿 제조업자에게 인도된다. 이때의 카카오원두는 아직은 원재 료에 불과하다. 딱딱한 껍질에 둘러싸여 있는 원두에는 마른 과육이나 껍질의 일부, 먼지, 작은 모래 등이 섞여 있어, 이러 한 불순물을 제거할 필요가 있다.

1850년경 기계화된 원두분류기가 출현하는데, 이는 원두의 크기보다 작은 불순물을 걸러낼 수 있는 크기의 구멍이 있는 원통으로 이루어졌다. 20세기 초에는 두 가지 체를 지닌 분류 기가 등장한다. 첫 번째 체에서는 원두보다 큰 불순물을 걸러 내며, 두 번째 체에서는 원두보다 작은 불순물을 걸러낸다. 이 때 흔히 금속을 걸러내는 탐지기가 사용되며, 마지막으로 바 람에 날려 먼지를 제거한다.

볶기와 껍질제거

볶기는 가장 중요한 작업이다. 카카오원두는 볶기 과정을 거쳐야 그 고유의 맛과 향을 낸다. 오랫동안 카카오원두를 볶 기 위해서는 냄비와 나무주걱 그리고 주방의 평범한 불이 필 요했다. 때로는 냄비가 지나치게 달궈져 씨를 태우는 경우가 많아 상당한 주의와 섬세함 또한 요구됐다.

18세기부터 커피를 볶는 장치에서 힌트를 얻은 실린더 형의 카카오 볶기 장치가 사용되었다. 1832년 프랑스인 장 프랑수아 줄 드벵크는 자동 회전하는 원형 볶기 장치를 발명했다. 이 장치는 카카오원두를 고루 볶으며, 작게 뚫려 있는 구멍들을 통해서 볶기 과정에서 발생하는 수증기를 방출시킬 수 있었다.

이러한 장치에도 불구하고 볶기는 상당한 경험을 요한다. 카카오의 품종과 원산지에 따라 볶기의 정도가 다르기 때문이다. 베네수엘라 산 크리오요는 섬세한 온도에서 볶아지는 반면, 코트디부아르 산 포라스테로는 보다 더 높은 온도에서 더 많은 시간 동안 볶아진다. 실제로 너무 지나치게 볶으면 씨의 본래의 맛과 향을 잃게 되어 쓴 맛이 난다. 반대로 덜 볶으면 씨에 약간의 쓴 맛을 남게 하는 겉껍질을 제거하기가 힘들다. 제조업자는 초콜릿이 카카오의 함유량을 늘리지 않고서도 그 맛을 강하게 하기 위해 볶기 과정을 늘림으로써 그러한 결과를 얻고자 한다. 볶아진 씨는 내부에서 더 진행되지 않게 하기 위해 가능한 한 빨리 식혀야 한다.

130℃의 열에 30~40분 정도 볶은 카카오에서는 여러 가지 작용과 변형이 일어난다. 물론 이러한 과정을 통해 초콜릿 고유의 향이 발생한다. 또한 건조된 카카오에 남아 있었던 7%의 수분은 2.5%로 낮아지며, 볶는 과정에서 열기에 의해 카카오원두가 터지면서 전체적인 부피가 늘어난다. 그리고 일부 신맛이 제거되고 겉껍질이 벗겨진다.

분쇄과정으로 넘어가기 전에는 딱딱하고 쓴맛의 카카오원두의 겉껍질을 제거한다. 그리고 떡잎 사이에 있는 배아 역시 제거해야 하는데, 이것의 쓴맛이 초콜릿의 맛을 나쁘게 만들기 때문이다.

여러 품종의 카카오원두 섞기

다른 품종의 카카오원두들의 무게를 정확히 측정한 뒤, 이 글 분쇄기로 옮기기 전에 실린더에 담는다. 원두의 혼합은 독특한 초콜릿을 만들기 위해서 아주 중요한 과정이기 때문에, 혼합비율을 정확하게 규정해야 한다. 따라서 초콜릿 제조업자들은 다양한 품종의 특징적인 향과 맛을 알아야 하며 혼합방법에 대해서도 잘 알아야 한다. 이는 상당한 경험을 요구한다.

카카오원두들 사이에는 미묘한 차이가 존재하며, 최종의 향과 맛은 두세 가지의 품종을 섞어서 얻는다. 초콜릿 제조업자는 좋은 초콜릿을 생산하기 위해 향이 강한 원두와 미묘한 향을 지닌 씨와의 적정한 비율을 결정해야 한다. 이러한 비율은 비밀에 부친다.

분쇄

아스텍인들이 사용한 카카오원두를 가는 메타테는 19세기까지 사용되었다. 돌 아래 불을 지펴 달구어진 돌 위에서 방망이로 카카오를 갈면, 압력과 열로 인해 카카오원두는 용해되면서 점차 카카오 반죽으로 변한다. 18세기 전반 수력이나 증기력에 의해 작동되는 분쇄기가 등장하면서, 카카오 분쇄기술은 중요한 발전을 이룬다. 1824년 헤르만의 분쇄기는 분쇄정도와 온도를 조절할 수 있었다. 프랑스의 므니에의 공장에서는 두 단계에 걸쳐서 분쇄 작업이 이루어졌다. 첫 번째로 카카오원두를 화강암 맷돌로 간 다음, 두 번째로 이를 속도가 다른

18세기 초콜릿 제조과정을 설명하고 있는 디드로의 백과사전 삽화.
맨 오른쪽 장면이 뒤뷔쏭이 고안한 서서 작업할 수 있는 메타테

세 개의 수평으로 놓인 원통형 분쇄기에 통과시켜 보다 입자
가 고운 카카오 반죽을 얻어냈다.

두 계열로의 분리

이 상태에서 카카오 반죽의 최종 사용목적은 카카오분말이
냐 초콜릿이냐에 따라 달라진다. 첫 번째의 경우, 최고 50%를
차지하는 카카오 버터 분리작업이 이어진다. 압축기에 의해
카카오 버터는 추출되고 나머지는 덩어리로 뭉쳐진다. 카카오
고형분은 다시 갈아서 최종 단계에 이른다.

카카오분말은 일반적으로 네덜란드 방식이라고 불리는 알
칼리화 과정을 통해 물에 잘 녹고 향을 약화시킨 상태로 변한
다. 이를 코코아라고 한다. 때때로 물이나 찬 우유에 잘 녹도
록 유화제를 첨가하기도 한다. 카카오 버터 분리작업을 거치
지 않은 카카오 반죽은 두 번째 계열인 초콜릿 제조과정으로
넘겨진다.

초콜릿의 제조

이기기

먼저 카카오 반죽에 설탕을 첨가하고 이어서 카카오 버터를 넣어 풍부하게 한다. 초콜릿업자들은 식물성 지방을 넣기도 하는데, 이는 카카오 버터 전부 또는 일부를 대체한다. 반죽은 다시 혼합기, 즉 수평의 둥근 원판 위에 무거운 롤러가 돌아가는 기계 속으로 들어간다. 이를 통과한 초콜릿 반죽은 잘 이겨진 케이크의 반죽과 흡사하다. 밀크 초콜릿을 만들기 위해서는 여기에 농축 우유나 분유를 넣는다.

곱게 갈기

이어 카카오 반죽은 앞서의 롤러에 비해 더 빨리 회전하는 연마기에 이른다. 얇은 필름 형태로 첫 번째 롤러를 통과한 반죽은 두 번째 롤러를 통과한다. 이는 마치 밀가루 반죽을 얇게 펴는 과정과 어느 정도 유사하다. 반죽이 다섯 번째 롤러를 통과하면 마치 담배종이처럼 얇게 된다. 몇몇 업자들은 이 작업으로 곱게 갈기를 마무리하지만, 질 좋은 초콜릿을 얻기 위해서는 추가처리 콘킹 과정을 거친다.

콘킹

1880년 스위스의 초콜릿업자 로돌페 린트는 '콘케conche'라는 기계를 발명했다. 이는 스페인어 'concha'에서 왔는데 이는 모양이 조개와 같이 생겨서 붙여진 이름이다. 이 기계는 액상 초콜릿을 오랜 기간 동안— 최대 7일 정도에 이른다— 천천히 저어준다. 이 중요한 과정을 통해 초콜릿의 향은 더 강화되고 남아 있던 쓴맛도 사라지게 되며, 초콜릿은 벨벳처럼 부드럽고 윤기가 난다. 저가의 초콜릿을 제조하는 업자들은 약 12시간 정도 이 작업을 하지만, 고가의 초콜릿 제조업자의 경우에는 며칠에 걸쳐 이 작업을 하며, 이 작업 중에 때로는 보다 윤기가 나게 하기 위해 카카오 버터를 첨가하기도 한다.

또한 이 과정 중에 향을 첨가하기도 하는데, 예를 들어 육계피나 정향을 넣기도 한다. 아스텍 시기 이래로 대부분의 경우에는 바닐라를 첨가해왔다. 우리 혀는 초콜릿에 첨가된 향에 익숙해져 있는데, 향 없는 초콜릿은 소금 없는 빵과 같다. 고급 초콜릿은 순수한 바닐라 추출물을 사용하지만 일반적인 초콜릿은 인공향료인 바닐린을 사용한다.

성형 또는 입히기

콘킹이 끝난 액상 초콜릿은 틀에 넣어져 판형 초콜릿으로 만들거나 또는 그 속에 여러 가지 충전물을 넣어 다양한 초콜릿 당과로 만들어진다. 다양한 모양으로의 성형은 흔히 어린이들을 겨냥한 것이며, 초콜릿 제조업자들은 자유로운 상상력을 발휘하기도 한다. 오늘날에는 물고기·하트·사자·하마·자동차·악어 모양 등 거의 모든 형태를 찾아볼 수 있다. 이러한 성형 초콜릿은 양질의 초콜릿으로 만들어질 경우에는, 금속제나 플라스틱 성형틀과 접촉하는 면에 아주 얇은 지방막이 형성되어 매우 윤이 나 사람의 눈길을 끈다.

입히기는 초콜릿의 충전물을 둘러싸는 섬세한 기술이다. 액상 초콜릿을 얇게 입히기 위해서는 일정 정도 액체상태를 유지해야 하기에 충분한 온도를 지녀야 한다. 입히기 과정에서 안의 내용물은 어느 정도 따뜻한 상태를 유지해야 하는데, 만약 내용물이 차갑다면 뜨거운 초콜릿과 접촉하면서 이것이 부풀어 초콜릿 당과가 '터질' 위험이 있다. 이러한 입히기는 고급 초콜릿 제조과정에서는 수작업으로 이루어지지만, 초콜릿 바와 같은 제품을 대량 생산하는 과정에서는 기계로 이루어진다.

초콜릿의 종류

카카오 함유량에 따른 분류

다크 초콜릿

다크 초콜릿은 최소한 34%의 카카오를 함유하고 있어야 하고, 일반적으로 그 비율이 높을수록 더 좋은 초콜릿이다. 얼마 전까지만 해도 30%의 카카오를 함유한 다크 초콜릿도 좋은 초콜릿으로 받아들여졌다. 하지만 오늘날에는 초콜릿에 대한 미각이 이전보다 발달했고 초콜릿에 대한 이해 또한 깊어졌다. 따라서 대부분의 사람들은 적어도 60% 이상 카카오가 함유된 초콜릿을 찾는데, 그 함유량이 70~80%에 이르는 제품들도 있다.

양질의 다크 초콜릿에는 설탕이 거의 들어가 있지 않다. 초콜릿에 첨가되는 설탕은 마치 요리할 때 첨가되는 소금과 같아서, 맛을 살려줄 정도의 양을 넣어야지 많이 넣으면 맛을 버리게 된다. 또한 양질의 초콜릿은 순수한 바닐라를 함유해야 하고, 가능한 한 레시틴을 적게 써야 한다. 설탕이 첨가되지 않은 몇몇의 다크 초콜릿은 전문 매장에서 찾을 수 있는데, 심지어 카카오를 99%까지 함유한 제품도 있다.

밀크 초콜릿

어떤 미식가들은 밀크 초콜릿이 진짜 초콜릿이 아니라고 생각한다. 하지만 최근에는 좋은 품질의 밀크 초콜릿이 점차 늘어나고 있다. 좋은 밀크 초콜릿은 약 40% 이상의 카카오를 함유하는 데 반해, 대량 생산되는 제품의 대부분은 20%를 넘어서지 못한다. 일반 밀크 초콜릿에 함유된 설탕의 양은 매우 높은데, 흔히 50%에까지 이른다. 물론 설탕 가격이 카카오에 비해 훨씬 싸기 때문이다.

화이트 초콜릿

화이트 초콜릿은 카카오 반죽에서 분리된 지방성분인 카카오 버터만을 함유한다. 그것에 설탕과 우유 그리고 향을 첨가한다. 카카오 버터의 함유량은 적어도 25%가 되어야 한다. 화이트 초콜릿은 다크 초콜릿처럼 깊은 맛은 없다. 흔히 장식용으로 사용되며, 특히 당과제조와 제과에서 색의 대비 효과를

위해 사용된다. 가장 좋은 제품은 프랑스와 스위스의 것들이
다. 다른 제품은 흔히 식물성 지방과 인공 향료를 포함한다.

형태에 따른 분류

판형 초콜릿

납작한 판 모양의 초콜릿으로 시중에서 가장 쉽게 접할 수
있는 초콜릿이다. 1830년 분쇄기가 나온 뒤에야 카카오원두를
충분히 곱게 빻을 수 있게 되었고 이로써 처음으로 일정한 틀
에 넣어 모양을 내는 성형작업이 가능해졌다. 재미있게도 판
형 초콜릿을 처음 만들어낸 나라는 유럽에서 판형 초콜릿을
가장 적게 소비하는 영국이다.

판형 초콜릿은 다른 첨가물 없이 초콜릿만으로 만드는 게
가장 일반적이지만, 개암이나 아몬드, 튀긴 쌀, 프랄리네, 마지
판mazipan 등을 넣기도 한다. 프랑스의 초콜릿 장인 미셸 쇼댕
은 1993년 최초로 카카오원두를 볶아 거칠게 갈아 섞어 만든
판형 초콜릿을 선보이기도 했다.

초콜릿 당과류

초콜릿 당과류는 초콜릿 속에 다양한 충전물을 넣어 만든
것 모두를 일컫는 명칭이다. 초콜릿 당과류는 좁게는 초콜릿
봉봉 또는 초콜릿 사탕이라고 할 수 있다. 프랑스어로는 봉봉
오 쇼콜라라고 한다. 이는 크게 두 가지 유형으로 나눌 수 있

다. 첫 번째 유형은 먼저 초콜릿을 틀에 넣고 겉을 만들어 그 안에 충전물을 넣는 '쉘 초콜릿shell chocolate'이며, 두 번째 유형은 충전물에 초콜릿을 입히는 '엔로버 초콜릿enrober chocolate'이다. 충전물로는 가나슈, 프랄리네, 누가, 잔두야, 퐁당, 캐러멜, 절인 과일, 아몬드나 땅콩, 비스킷, 리큐르 등을 사용한다. 그 외에도 초콜릿 제조업자가 자유롭게 생각해낸 충전물을 넣은 독창적인 초콜릿 당과류도 찾아 볼 수 있다. 고급 초콜릿 상점 에서는 초콜릿 당과류를 여전히 손으로 직접 만들고 있으나, 대부분이 자동화기계로 대량생산한다.

오늘날 가장 많이 소비되는 초콜릿 바와 알 초콜릿도 초콜릿 당과류에 포함시킬 수 있다. 1920년 미국인 프랭크 마스는 누가와 캐러멜에 초콜릿을 입혀 자신의 이름을 딴 초콜릿 바를 생산했다. 초콜릿 '마스Mars'는 제2차 세계대전 시 미군 병사들의 전투용 식량에 포함되어 전 세계로 퍼져나갔고, 현재에도 가장 잘 팔리는 초콜릿 제품으로 시장 점유율이 46% 에 이른다. 아래의 세 가지 초콜릿들도 초콜릿 당과류에 포함된다.

할로우 초콜릿

할로우 초콜릿hollow chocolate은 안이 비어 있는 초콜릿을 말한다. 동물이나 달걀, 인물, 사물 등 다양한 형태가 있으며, 비교적 크게 제작되는 초콜릿인 경우가 대부분이다. 특히 부활절에는 달걀·암탉·토끼, 성탄절에는 산타 할아버지, 밸런타인데이에는 하트 모양의 초콜릿 등을 시중에서 흔히 볼 수 있다.

가나슈

프랑스어 사전 『르 그랑 로베르』에 따르자면 '가나슈ganache'라는 말은 '멍청한 사람'을 가리킨다. 이 말은 18세기 파리의 한 제과점에서 일한 멍청한 견습생을 놀리기 위한 것이었다고 한다. 그는 어느 날 실수로 끓는 우유를 초콜릿이 채워진 용기에 부어, 이를 만회하려고 열심히 저었다. 그런데 다행스럽게도 부드럽고 맛있는 초콜릿 제품이 우연히 탄생하게 되었다. 이렇게 탄생된 가나슈는 다른 여러 재료들과 혼합되어 독특한 맛을 낸다. 육계피·강황·정향·박하·후추·감초·사프란·바닐라 등의 향신료를 넣기도 하고 레몬·딸기·복숭아 등과 같은 과일 그리고 재스민 향을 첨가한다. 또한 커피·차·술 등을 혼합하기도 한다.

가나슈 그 자체로 여러 가지 디저트를 만들기도 하며, 초콜릿 당과류 속의 내용물이 되기도 한다. 가나슈는 프랑스의 전통적인 두 가지 초콜릿, '트뤼프'와 '팔레 도르'로도 만들어진다. 트뤼프는 가나슈를 작은 공 모양으로 만들어 카카오 가루를 겉에 입혀주는 것이며, 팔레 도르 역시 같은 방식이나 카카오분말이 황금색을 띠기 때문에 그렇게 불린다.

프랄리네

　1630년 플레시스 프라슬랭에 은퇴해 있던 세지크 드 뉴아셀 공작의 요리사인 라사뉴는 볶은 아몬드나 개암에 캐러멜을 입혀 굳힌 사탕 '프랄린느praline'를 만들어 낸다. 설탕 시럽이 섭씨 145도에 이르면 아몬드를 넣고 그 겉에 설탕 결정이 생기게 하는 '사블라쥬sablage'라는 기술을 이용하여 만드는 이 사탕은 캐러멜화의 정도에 따라 색깔을 달리 한다. 일반적으로 여러 번에 걸쳐 사블라쥬를 해주고, 마지막에 색깔을 내고 향을 첨가한다.

　사블라쥬를 거친 프랄린느를 갈아서 반죽 형태로 만든 것이 '프랄랭pralin'이다. 프랄랭에서 견과류는 최소 50% 이상 되어야 하는데, 맛과 견과류의 유질이 충분히 조화를 이루기 위해서는 견과류가 충분해야 하기 때문이다.

　프랄랭에 초콜릿이나 카카오 버터를 혼합하면 '프랄리네 praliné'가 된다. 이 프랄리네는 초콜릿 당과류나 케이크의 충전물로 사용되기도 하며, 그 자체만으로 프랄리네 초콜릿을 만들기도 한다. 이때 가장 중요한 것은 견과류의 질이다. 아몬드는 프로방스 지방이나 이탈리아 또는 그리스에서 생산된 것이 가장 좋고, 개암은 이탈리아의 피에몬테 지방의 것이 가장 유명하다. 피에몬테 지방의 유명한 초콜릿 '잔두야는 20~40%의 개암으로 만든 일종의 프랄리네 초콜릿이다.

　초콜릿 당과로는 그 충전물에 따라 다음과 같은 종류의 것들이 있다.

충전물	성 분
퐁당	설탕, 물, 포도당
마지판	설탕, 물, 포도당, 아몬드, 향
캐러멜	설탕, 물, 농축 우유, 포도당, 버터, 향
누가틴	설탕, 아몬드, 꿀, 버터
과일잼	설탕, 포도당, 과육, 펙틴, 구연산
흰 누가	설탕, 물, 포도당, 꿀, 아몬드, 알부민, 절인 과일
리큐어	설탕, 물, 리큐어
프랄린느	설탕, 볶은 아몬드나 개암
잔두야	설탕, 볶은 개암, 카카오, 카카오 버터, 바닐라
가나슈	설탕 시럽, 농축 우유, 초콜릿
버찌	버찌, 버찌술, 퐁당

코코아

카카오원두를 갈아서 카카오버터를 제거한 카카오분말을 말한다. 일반적으로 차갑거나 뜨거운 초콜릿 음료를 만드는 데 사용되며, 제과용으로도 많이 쓰인다. 흔히 카카오분말뿐만 아니라 이것으로 만든 음료도 코코아라고 부른다. 코코아에는 순수한 카카오분말, 설탕이 첨가된 카카오분말, 또는 분유나 맥아, 곡물가루, 설탕 등 다양한 성분이 첨가된 혼합 카카오분말 등 크게 3가지 형태가 있다.

발라 먹는 초콜릿

마치 버터나 쨈처럼 초콜릿도 빵이나 비스킷에 빌라 넉는 네 쓰이는데, 발라 먹는 초콜릿은 개암과 설탕, 코코아, 지방 등을 섞어서 만든다. 미국에서 땅콩버터를 빵에 발라 먹는다면, 프랑스와 스페인에서는 '초콜릿과 개암의 반죽'을 빵에 발라 먹는다고 할 수 있다.

코팅용 초콜릿

쿠베르튀르 초콜릿이라도 불리는 이 초콜릿은 초콜릿 제조업자, 과자 제조업자들이 사용한다. 따라서 이것은 여러 가지의 초콜릿 완제품을 만들기 위한 반半완제품이다. 코팅용 초콜릿은 쉘 초콜릿이나 할로우 초콜릿, 초콜릿 바, 장식용 초콜릿 등을 만들기 위해 사용되고, 유럽의 기준에 따르자면 최소한 31% 이상의 지방을 함유하고 있어야 한다. 주로 카카오 버터로 이루어진 지방성분은 초콜릿에 윤기를 주고 잘 녹게 한다.

코팅용 초콜릿은 소규모 초콜릿 제조업자에게는 몇 kg의 덩어리로 또는 단추 형태로 공급되기도 하며, 대규모 초콜릿 제조업자에게는 액체 상태로 공급된다.

초콜릿과 향신료, 그리고 충전물

초콜릿 제조업자마다 자신만의 독특한 초콜릿을 생산하기 위해 첨가하는 비밀스런 향료들이 있다. 가장 많이 사용되는 향신료들은 카카오원두가 생산되는 지역과 같은 열대 지방에서 온 것들로, 바닐라·육계피·강황·커피·럼·생강, 나아가 후추와 생강 등이 있다. 초콜릿 제조에서 이러한 향신료들 외에 새로운 것들을 첨가하려는 경향은 아직 낯설다. 그러나 커민이나 회향 같은 향신료를 첨가한 초콜릿을 상상해보는 것도 어렵지는 않을 것이다.

각국의 소비자들은 그들이 선호하는 초콜릿향이 있다. 이탈리아인들은 개암이나 아몬드 또는 밤이 첨가된 초콜릿을 즐겨 찾는다. 프랑스인도 이러한 종류의 초콜릿을 좋아하지만, 쓰고 맛이 진한 다크 초콜릿이 대중적인 인기를 끈다. 스페인 사람들은 향신료가 첨가된 초콜릿과 아몬드나 건과일이 들어 있는 초콜릿을 좋아하는 반면, 미국인은 주로 땅콩과 아몬드가 들어있는 밀크 초콜릿을 소비하고,. 영국의 경우에는 바닐라향이 들어있는 초콜릿을 선호한다. 또한 각각 제조업자는 원산지가 다른 카카오원두를 혼합함으로써, 각각의 향들이 서로 어우러지면서 최종적으로 독특한 향과 맛을 갖는 초콜릿을 생산한다. 이처럼 초콜릿 제조과정에 다양한 방법들이 적용된다면 거의 무한대에 가까운 조합이 가능하다.

미국 오리건에 있는 두 초콜릿 회사는 고추와 초콜릿을 결합시킨 제품을 출시해서 식품 전시회에서 상을 수상한 바 있다. 미국에서는 고추를 가미한 초콜릿은 발견할 수 있지만 알코올이 든 초콜릿을 찾는 것은 매우 어렵다. 1986년 유일하게 한 주정부만이 알코올이 든 초콜릿 제조를 허용했는데, 현재 12개 주정부에서는 이것의 판매를 허용하고 있지만 알코올 도

수는 엄격히 통제하고 있다. 반면 유럽에서는 상황이 전혀 다르다. 이탈리아에서는 리큐어에 절인 과일을 넣은 달콤한 다크 초콜릿이 인기가 있다. 영국에서는 샴페인과 쿠엥트로, 또는 다른 리큐어로 향을 가미한 퐁당으로 속을 채운 초콜릿 봉봉과 트뤼프를 맛볼 수 있다.

초콜릿의 생리학과 심리학

초콜릿의 효능

17~18세기에 많은 이들이 초콜릿의 치료효능에 대해 기술했다. 초콜릿에 대한 아스텍인들의 믿음은 초콜릿과 함께 유럽에 도착했으며, 제조업자들은 초콜릿이 피로회복제나 강장제라고 선전했다. 또한 군인, 학자, 성직자들은 육체적·지적·정신적인 활동을 연장하기 위해 이를 이용했다.

오늘날 초콜릿의 지방과 탄수화물이 에너지를 공급하고, 지방 성분이 포만감을 느끼게 한다는 사실은 잘 알려져 있다. 또한 초콜릿에는 자연적인 각성물질이 들어 있는 것으로 밝혀져 초콜릿의 약리적 효과가 과장된 것임이 아님을 알 수 있다. 초콜릿에는 중추신경계를 자극하는 카페인이 소량 들어 있어 뇌를 자극해 각성 효과를 나타낸다. 초콜릿의 성분 중 또 다른 신경자극 물질로는 테오브로민이 있는데, 이 물질은 폐의 평활근을 이완시켜 긴장을 풀고 편안함을 느끼도록 해준다.

초콜릿의 몇몇 성분은 마약이 주는 효과까지 지닌다. 대표적 성분이 '초콜릿 엑스터시'로 불리는 트립토판이다. 뇌 속에는 매우 다양한 신경전달물질이 있는데, 이들은 신경세포 사이에서 전기적 신호를 전달해 감각 정보나 감정을 불러일으킨다. 뇌의 신경세포는 트립토판을 이용해 세로토닌이라는 신경전달물질을 만드는데, 고농도의 세로토닌은 기분 좋은 상태, 심지어 황홀경에 이르게 하는 것으로 알려져 있다. 또한 페닐에틸아민이라는 초콜릿의 또 다른 화학성분은 '초콜릿의 암페타민'이라 불린다. 이것은 대뇌피질을 각성시켜 사고력과 기억력, 집중력 등을 순식간에 고조시킨다.

하지만 이러한 화학물질은 초콜릿뿐 아니라 다른 음식에도 들어 있고, 초콜릿에 포함돼 있는 이들의 양은 그 효과를 발휘하기에는 매우 적어서 초콜릿의 효능에 대해서 회의적인 의견이 있다. 또한 이들 화학물질이 체내의 소화과정을 거치면서도 분해되지 않고 뇌 속으로 제대로 전달될지는 의문이다.

초콜릿과 의학

4세기부터 마야족은 초콜릿 음료를 마시기 시작했는데, 이

때부터 초콜릿은 치료제로서 이용되었다. 사제와 의사의 선행자로서 마법사는 초콜릿을 강장제로서 또는 진정제로서 처방했다. 전사들은 힘을 얻기 위해 초콜릿을 마셨으며, 이는 상처를 치료하는 데에도 이용되었다. 아스텍족은 설사가 날 경우에 선조의 해골을 가루로 만들어 초콜릿과 함께 섞어 먹었다고 한다. 스페인 식민지배자들 또한 초콜릿의 치료효능을 알고 있었는데, 한 여행가는 그의 동포들이 위장병과 독감에 초콜릿을 민간요법으로 처방했다고 전하고 있다.

그러나 과학계와 의학계에서는 초콜릿을 호의적으로 받아들이지 않아서, 이 새롭고 신비로운 물질의 나쁜 측면을 교회에서의 논의만큼이나 목소리를 높여 비난했다. 16세기 의학은 '찬' 그리고 '뜨거운' 기질의 원리에 관한 논의와 더불어 이러한 기질의 균형이 깨지면 병을 유발하는 체액론에 관한 논의를 시작했다. 초콜릿을 '차가운' 것으로 선고한 스페인인들은 이를 데워서 마시고 '뜨거운' 향신료들로 향을 가함으로써 이의 효과를 중화시키려고 노력했다.

17세기에는 많은 식물학자들과 의사들이 초콜릿을 용인하기 시작했다. 이들은 초콜릿에 유용한 물질들이 들어있음을 발견했다. 영국의 궁정의사 헨리 스터브는 초콜릿의 효과를 조사하기 위해 서인도제도에 갔다. 귀국 후 그는 『인디언의 감료』를 출판하면서, 초콜릿에 너무 많은 설탕과 향신료를 넣지 않는 것이 좋다고 강조하며 이 음료의 장점을 높이 샀다. 이탈리아 의사 스테파니 블랑카르드는 "초콜릿은 맛있을 뿐만 아니라 림프선과 체질의 상태를 건강하게 유지시켜 주는 매우 좋은 음료다. 따라서 이를 마시는 이들은 아주 향기로운 숨결을 시니고 있다'라고 말했다.

1661년 프랑스 의과대학은 초콜릿의 공식적 사용을 허용했다. 18세기 프랑스의 법률가이자 미식가인 브리야 사바렝(1755~1826)은 『미각의 생리학』에서 "초콜릿은 정신집중을 요하는 이, 그리고 육체노동을 하는 사람, 무엇보다도 여행자에게 아주 적합하다. (중략) 이는 위장이 아주 약한 사람에게도 적합하며, 만성적인 병에 걸린 이에게도 좋다"고 평가했다. 몇몇은 초콜릿이 결핵을 치료하는 데에도 효과적이라고 했다. 한 프랑스 의사는 초콜릿이 기분을 좋게 하기 때문에 실연의 고통에 빠진 사람의 기분을 전환시킬 수 있다고 했다.

그러나 이러한 찬양이 보편적인 것은 아니었다. 18세기 토스카나 궁정의사는 초콜릿은 '뜨겁기' 때문에 여기에 '뜨거운 마약'을 첨가하는 것은 몰상식한 것이라고 동료들의 처방을 비난했다. 그는 카페인 성분을 주목하면서 초콜릿의 부수적인 효과들 중 결점들만을 들추어냈다. 불면증, 아이들에게 정신혼미 유발, 그리고 과도한 활동성 등을 거론하면서 논란을 불러일으키고자 했던 것이다.

프랑스인들 또한 잠시나마 초콜릿을 멀리 했는데, 이들은 초콜릿이 우울증, 두근거림, 배탈과 변비의 원인이라고 비난했다. 그러나 어쨌든 점차 초콜릿의 의학적이고 영양학적인 장점은 널리 알려지고 있었다. 한 영국 저술가는 초콜릿은

"아침식사나 집에서 야식으로 하기에 적합한 음료이지만, 차나 커피는 실제로 적합하지 않다"고 적고 있다. 브리야 사바렝은 초콜릿의 소화촉진 효과를 언급했다. "푸짐한 아침식사 후, 식사 말미에 초콜릿 한 잔을 마신다면 세 시간이 지난 뒤에 모든 것을 완벽하게 소화시킬 수 있을 것이다."

19세기 초, 허풍선이 약장수들은 초콜릿으로부터 의약적 장점들을 과장하기에 이르렀다. 따라서 여러 가지 형태의 '약용 초콜릿'이 등장했다. 이탈리아에서 타피오카(열대식물인 카사바의 뿌리를 갈아서 만든 일종의 녹말)로 만든 '호흡기 질환에 좋은 초콜릿', 또는 '원기회복용 초콜릿'이 그 대표적인 사례다. 19세기 말 초콜릿은 병원, 요양소, 해군, 육군과 같은 다양한 기관들에서 수용되기에 이른다.

초콜릿과 정신

초콜릿에서는 항상 의존성이 문제가 된다. 몇몇의 사회사 전문가들조차 결핍을 충족시키려는 범죄에 관련된 초콜릿의 의존성에 대해 항상 언급하고 있다. 1980년대 식이요법학자 미셸 몽테뉘쉘은 그의 저서 『비즈니스 식사를 하면서 어떻게 다이어트를 할 것인가』에서 "절제하도록 노력하라. 초콜릿은 의존관계를 만든다. 당신의 '초콜릿 중독증'을 다스리기 위해 커다란 잔으로 물을 마셔라"라고 초콜릿의 의존성에 관해 기술하고 있다.

몇몇 의사들은 테오브로민과 카페인이 이러한 의존성의 원인이라고 지적한다. 또한 페닐에틸아민은 엔도르핀의 일부를 구성하는 화학물질로 암페타민과 유사한 효과를 지니고 있다. 이것이 일단 혈액 속에 돌기 시작하면 엔도르핀은 적극적인 에너지를 생성하고 행복감을 느끼게 함으로써 삶을 장밋빛으로 보게 할 수도 있다. 이는 에어로빅을 할 때 느끼는 그런 행복감과 같다. 페닐에틸아민은 인체에 자연적으로 나타나기도 한다. 예를 들어 사랑에 빠졌을 때 뇌에서 이것의 비중이 높아지는데, 이러한 사실은 좋은 초콜릿을 먹을 때 발생할 수 있는 의존성을 어느 정도 설명해줄 수 있다.

하지만 초콜릿 애호가는 갈망과 의존성 간의 커다란 차이를 이해할 것이다. 갈망은 만족스러운 것을 얻고자 하는 충족되지 않는 바람으로서 초콜릿, 버터 바른 비스킷 또는 한 잔의 커피에 대한 욕구와 관련될 수도 있다. 이러한 욕구는 일반적으로 만족스러운 것을 효과적으로 얻고자 하는 노력으로 이어지며, 집중력을 강화하고 피곤함을 약화시킴으로써 인간을 보다 활동적으로 만든다. 반면 의존성은 알코올이나 마약과 같은 물질의 상습적인 복용으로 규정되며, 시간이 지날수록 만족도가 떨어진다. 이는 또한 만족스럽지 않은 결핍 증상이 뒤따른다. 따라서 초콜릿은 이러한 범주에 들어가지 않는다.

유럽에는 초콜릿 애호가 단체들이 꽤 있다. 초콜릿 미식가를 중심으로 구성된 한 단체는 카카오 성분이 50% 이상인 초콜릿이나 카카오원두의 가치를 비교 평가한다. 이 단체의 회원들은 자신들이 초콜릿 중독자가 아니라고 단언하는데, 그들에 따르자면 초콜릿 중독자는 사실은 초콜릿이 아니라 설탕에 중독된 섭식장애자라고 한다. 또한 가장 좋은 초콜릿을 만들기 위해서 필요한 것은 오직 순수하고 불순물이 전혀 섞이지 않은 카카오 고형분과 소량의 카카오 버터와 설탕을 첨가한 것이라고 한다. 시중에서 판매되고 있는 초콜릿의 주된 원료는 설탕과 고체 상태의 식물성 지방, 그리고 분유로서 이런 나쁜 요소가 비만과 충치, 그리고 중독과 같은 초콜릿에 대한 부당한 평판을 불러일으키고 있다고 주장한다.

여성적 갈망과 초콜릿

여성이 가장 많이 초콜릿을 소비한다. 이러한 이유를 해명하려는 여러 연구가 있다. 심리학자들은 유기체 내의 페닐에틸아민 양의 부족을 조절하는 메커니즘이 몇몇 여성들에게 있어서는 불완전할 수 있어 정서적인 충격 후에 한 조각의 초콜릿을 필요로 한다는 점을 조심스럽게 제시하고 있다. 심리상태를 규정하는 화학 물질의 불균형을 이루면 이를 회복하기 위해 본능적으로 부족한 부분을 채우려는 자가치료의 기능이 신체에 있다는 것이다.

『왜 여성은 초콜릿을 필요로 하는가』의 저자 데브라 월터하우스에 따르자면, 갈망을 유발하는 식품들은 일련의 문화적이거나 감정적인 또한 생물학적, 화학적 그리고 심리적 요인들과 같은 다중요인들에 의해 규정된다고 한다. 예를 들어, 개인의 미각과 습관들뿐만 아니라 여성과 초콜릿 또는 성적 욕구와 초콜릿을 연결하는 초콜릿광고, 그리고 초콜릿에 들어 있는 진정제 성분 등이 여성의 초콜릿 선호를 해명할 수 있다고 주장한다.

여성이 남성보다 초콜릿 구입을 많이 한다는 것이 사실일지라도, 초콜릿은 여성이든 남성이든 그리고 모든 연령의 개인에게 매혹적일 수 있다. 오늘날에도 우리가 확신할 수 있는 것은 초콜릿의 유혹적 측면은 4세기의 마야시대와 마찬가지로 현재에도 존재한다는 점이다.

초콜릿과 사랑

초콜릿의 최음 효과는 이미 아스텍족과 스페인 정복자들에 의해 높이 평가 받은 바 있다. 초콜릿을 최음제로 이용한 것과 관련된 역사적 이야기는 많다. 카사노바는 샴페인을 초콜릿 음료로 대체했는데, 그에 따르면 초콜릿은 '사랑의 묘약'이었다. 이러한 믿음은 스페인인에게서도 잘 나타나는데, 그들이 칸타리스(푸른 광택이 나는 검은 곤충으로, 로마시대 때부터 이 곤충을 말려 가루로 만들어 최음제로 사용)라는 유명한 최음제에 초콜릿을 넣는 사실을 보아서도 알 수 있다.

프랑스의 사드 후작도 초콜릿의 최음 효과에 대단한 신뢰를 보였다. 어느 날 그는 초대한 손님들을 두 테이블로 나누어

앉힌 뒤 서로 다른 후식을 제공하고 그 반응을 보고자 했다. 그는 한 후식에는 초콜릿을 넣어 제공했는데, 그 맛에 반한 손님들이 이를 남김없이 먹었다. 그리고 다른 후식에는 초콜릿과 더불어 칸타리스를 넣었는데, 이를 먹은 손님들은 관능적인 열망에 사로잡혀 뜨거워지기 시작했다. 심지어 아주 점잖은 부인들조차도 맹렬한 성적 욕구에 어찌할 바를 몰랐다.

현대의 과학적 연구는 초콜릿이 직접적으로 최음 속성을 갖는 물질을 함유하고 있지 않다고 평가했음에도 불구하고, 광고는 초콜릿을 확실히 관능적이고 성적인 욕구와 연관시킨다. 초콜릿은 항상 성적인 암시를 띠는 것으로 '음탕한' 쾌락과 연관되어서 묘사되곤 한다. 광고는 여성이 초콜릿의 주요 소비자라는 점을 고려해서 기본적인 광고 내용을 설정한다. 많은 광고에서 여성에게 초콜릿을 제공하는 남자가 등장하며 초콜릿을 먹는 여인은 상당한 미모를 지니고 있다. 영화 또한 관능적 여성과 초콜릿을 연결시키는 데 주요한 역할을 한다. 1930년대 '요염한 여자'는 대개 금발이고, 붉은색의 천 위에 나른하게 누워서 호화로운 상자에 담긴 초콜릿을 집어드는 것으로 묘사되었다.

이러한 초콜릿과 여성의 관

초콜릿을 온몸에 바른 관능적 여인을
등장시킨 광고

계는 초콜릿과 낭만적 사랑과의 연관 속에서도 반복된다. 페루지나의 '바치Baci'(이탈리아어로 '입맞춤'을 뜻한다)라는 초콜릿 상사의 고전적인 포장에서도 나타난다. 1922년 바치가 처음으로 출시된 뒤, 사랑하는 이들은 서로에게 이를 선물했으며 각각의 초콜릿 사탕 포장지에 숨겨진 메시지를 읽는 즐거움을 누렸다.

초콜릿과 아이들

초콜릿 제조업자들은 아이들에 대한 부모의 애정을 초콜릿과 연관시키기에 주저하지 않았다. 가정에서 쉽게 초콜릿 케이크를 만들 수 있는 제품의 포장에는 흔히 부엌에 있는 자애로운 어머니 이미지가 등장한다. 최초의 코코아 상자에서도 유모나 부모가 아이들에게 커다란 잔의 초콜릿을 주는 장면이 그려져 있다. 광고는 대개 활기차게 초콜릿을 마시는 건강한 어린이들이 그려진 포스터들을 통해 이 식품의 건강식으로서의 측면을 부각시키고자 한다. 최초의 초콜릿 상자들은 예쁘장한 소녀와 꽃 그리고 새끼 고양이들과 함께 장미 향수로 장식된 표지를 붙여서 판매되었다.

모성애를 자극하는
초콜릿 상자의 그림

오늘날 전 세계의 어린이들에게

있어 초콜릿은 크리스마스 선물, 부활절 달걀, 생일 선물, 칭찬의 선물이다. 그리고 어린 시절에도 코코아를 탄 우유를 마시면 키가 쑥쑥 크는 것 같았다. 이미 초콜릿은 어린 시절부터 의식 속에 깊이 자리 잡고 있다.

하나의 사회적·문화적 제스처로서의 초콜릿

서구에서는 초콜릿은 흔히 선물로서 제공된다. 고급스럽고 작은 초콜릿 상자는 '고마움'의 표시이고, 또한 '행운의 기원', '편안한 여행', '축하'와 '사과'를 표명하기도 한다. 밸런타인데이에는 수없이 많은 초콜릿이 팔린다. 하지만 초콜릿이 애정의 표시로 이 특별한 날에 연인에게 선물하는 관습은 그리 오래되지 않았다. 19세기말 영국의 캐드버리 사가 밸런타인데이를 위한 선물용 초콜릿 상자를 내놓음으로써 초콜릿은 연인들 사이에 주고받는 선물의 하나가 되었다.

서양 요리에서는 초콜릿 요리가 없는 나라가 거의 없을 정도이다. 미국의 브라우니, 헝가리의 초콜릿 크레이프, 스위스의 정사각형 밀크 초콜릿, 스페인의 따스하고 거품이 있는 걸쭉한 한 잔의 초콜릿 등 초콜릿 요리는 그들의 일상에 깊숙이 들어가 있다. 집안의 거실에서나 카페에서 나누는 한 잔의 따뜻한 초콜릿 음료는 사람을 연결시켜주는 매개체이다.

초콜릿, 어떻게 맛볼 것인가

초콜릿 애호가들은 두 부류로 나뉜다. 한 부류는 초콜릿을 깨물어 씹어 먹기를 좋아하는 이들과 다른 부류는 초콜릿을 입 속에 녹여 먹기를 좋아하는 이들이다.

좋은 초콜릿에서는 쓴맛과 신맛이 편안하게 느껴져야 한다. 따라서 제대로 맛보기 위해서는 입이 강렬한 맛을 받아들일 준비가 되어 있어야 한다. 맛보기 전에 너무 강한 음식을 먹지 말고 생수로 입가심을 해준다. 초콜릿은 입 속에서 녹으면서 지니고 있는 모든 맛을 펼쳐 보이며 마지막까지 맛의 조화를 잃지 않아야 한다.

그러면 초콜릿의 질은 어떻게 판단할 것인가. 초콜릿의 질을 판단하기 위해서는 모든 감각, 곧 시각·후각·청각·촉각·

미각이 동원되어야 한다. 먼저 눈으로 보기에 초콜릿은 매끈하고 윤이 나고 짙은 마호가니 색을 띠어야 한다. 냄새를 맡을 때, 초콜릿에서 너무 단 냄새가 나는 것은 좋지 않다. 이제 초콜릿을 입 속에 넣어 보자. 초콜릿을 깨물었을 때 큰 소리가 나지 않으면서 부스러져야 한다. 부스러지는 소리가 크면 너무 마른 것이며, 쉽게 부스러지지 않으면 너무 무른 것이다.

카카오 버터를 너무 많이 함유한 초콜릿은 손에 쥐었을 때 빠르게 녹는다. 또한 초콜릿은 입안에서 거친 느낌 없이 부드러워야 하며 순간적으로 녹아야 한다. 입 안에서 녹아내리면서 초콜릿은 여러 종류의 향을 낼 수 있어야 한다. 기본적인 맛은 약간의 신맛과 더불어 나는 쓴맛이다. 그리고 약간의 신맛과 함께 부드러운 맛이 나며, 약간의 짠맛과 함께 파인애플·바나나·바닐라 그리고 육계피의 맛이 난다.

초콜릿과 음료

초콜릿과는 어떤 음료가 어울릴까. 일반적으로 초콜릿의 맛과 향이 풍부할수록 음료를 선택하기가 어렵다. 따라서 초콜릿을 전문적으로 시식하는 사람이나 애호가들은 초콜릿을 맛볼 때 오직 물만을 마신다. 하지만 초콜릿과 함께 무엇을 마실 것인가 하는 결정은 단지 주관적일 수 있다. 그럼에도 불구하고 두 가지의 결합이 맛과 향에 있어서 상호보완적이거나 또는 상승효과를 준다면 좋을 것이다.

이러한 측면에서 본다면 커피와 초콜릿의 결합은 이상적이다. 커피와 카카오는 동일한 지역에서 재배되며, 둘 다 볶는 과정을 거쳐야 제 맛을 내기 때문이다. 초콜릿 한 조각을 입안에 넣고 따뜻한 커피 한 모금을 마시면 부드럽게 초콜릿이 녹으면서 초콜릿의 섬세한 향과 맛이 잘 살아난다. 게다가 커피의 향과 결합하면서 맛과 향을 고양시킨다. 고체와 액체의 만남은 온도의 차이와 결합하면서 최상의 조건을 만들어 낸다. 하지만 카페에서 커피와 함께 제공되는 조각 초콜릿은 대부분의 경우 질이 좋지 않아 아쉽다.

차와 초콜릿과의 결합은 조금 어렵다. 많이 발효된 차는 초콜릿 맛을 죽인다. 가능한 한 떫은맛이 적은 차와 함께 초콜릿을 맛보는 것이 좋다. 초콜릿과 샴페인은 흔히 기념일에 같이 제공되는 경우가 많다. 하지만 둘의 결합은 피하는 것이 좋다. 샴페인은 차갑게 마시기 때문에 차가움과 신맛이 혀를 마비시킨다. 초콜릿에 충전물로 샴페인을 넣는 경우에는 상온의 상태이기 때문에 문제가 되지 않는다. 다른 주류의 경우, 예를 들어 포도주는 탄닌 성분이 적고 달콤하고 부드러운 맛을 지녀야 초콜릿과 어울린다. 위스키도 탄닌 맛이 강하므로 선택이 신중해야 한다.

보관

열과 습기는 초콜릿 표면에 막을 형성할 수 있기 때문에 초콜릿의 주적이다. 너무 온도가 오르면 카카오 버터가 분리되어 표면에 올라와 다시 굳는다. 이 막은 초콜릿의 맛에는 영향을 주지 않으나 외관상 좋지 않다. 습기에 의해 생기는 막이 보다 문제이다. 설탕이 습기에 의해 녹아 표면에 올라와 다시 굳어지면 보기 좋지 않은 흰 막을 형성하는데, 이는 초콜릿의 감촉뿐만 아니라 맛까지도 해친다. 초콜릿을 보관하기 좋은 온도는 10~15℃ 사이이고, 습도는 60~70%이다. 또한 초콜릿은 주변의 냄새를 쉽게 흡수하므로, 밀폐용기에 보관하는 것이 좋다. 흔히들 초콜릿을 냉장고에 보관하는데 이 경우 음식물의 냄새를 흡수하기 쉽다.

초콜릿의 현재와 미래

초콜릿 맛의 표준화

카카오원두의 가공과 초콜릿 생산의 산업화는 결국 맛의 표준화에 이르게 된다. 이러한 현상은 여러 방식으로 설명될 수 있다.

먼저 카카오원두의 표준화가 제일 원인이다. 지난 세기 동안 카카오나무의 재배는 표준화되어, 크리오요종種은 거의 사라질 정도에 이르렀고 거의 전부 포라스테로와 트리니타리오종이 재배되고 있다. 이러한 변화의 원인은 초콜릿 가공국가에 있는데 이들은 수지타산이 맞지 않고 병충해에 약한 크리오요종을 기피한다.

다음 원인은 원산지의 표준화이다. 오늘날 아프리카는 전 세계 카카오 수요의 70%를 공급한다. 주요 재배 카카오 품종은 포라스테로이며, 이는 가장 큰 규모의 초콜릿 제조업자에게 공급되고 있다.

또한 장인적 작업은 개성을 강조하는 반면, 산업화된 작업은 맛의 표준화를 지향하고 있다. 다수의 입맛에 맞추어 대량 소비를 창출하려 하며, 가격을 낮추기 위해 대량 생산기술을 도입한다. 질 자체가 우선적으로 고려되지 않지 않을 뿐만 아니라, 맛이나 독자적인 조리법 또한 마찬가지이다. 먼저 고려되는 것은 엄정한 규격화이고 특히 위생문제에 있어서 그렇다. 이러한 규격화는 소비자들로부터의 모든 공격을 피하기 위한 것으로, 살균처리는 개성적인 맛들을 죽인다.

대량 생산을 전문으로 하는 초콜릿 제조업자들은 생산단가를 낮추기 위해 초콜릿 특유의 맛을 내는 성분인 카카오 버터를 아껴 쓰고, 어떤 경우에는 이를 전혀 첨가하지 않기도 한다. 예를 들어 밀크 초콜릿에 레시틴이나 올리브유와 같은 값싼 지방을 카카오 버터를 대신해서 사용하기도 한다. 일반적으로 중저가 초콜릿은 이러한 방법을 사용한다.

그나마 맛의 표준화에 대해 맞서는 이들이 양질의 초콜릿을 찾는 애호가들이다. 이들은 독창적이고 다양한 초콜릿 제품들을 요구한다. 이들이 초콜릿 장인들로 하여금 끊임없이 새로운 것들을 창조하도록 독려하고 있다.

초콜릿의 다양화

20세기 늘어서 초콜릿은 다양한 형태로 변화를 시도한다. 무엇보다도 초콜릿 봉봉은 고급스런 상자에 담겨져 많은 소비자들의 선망의 대상이 되었다. 양차 세계대전 사이에 설탕과 함께 구운 아몬드와 땅콩을 갈아 만든 프랑스식의 프랄리네가 유행했다. 프랄리네로 속을 채운 초콜릿 봉봉이 유행하면서 새로운 내용물을 채운 당과류가 속속 출현하기 시작한다. 예를 들어 리큐어, 마지판, 호두, 캐러멜 등으로 채운 초콜릿 당과가 등장한다. 이러한 당과류는 1950년대 초 기계화를 통해 대량 생산됨으로써 초콜릿의 소비를 급속히 증가시킨다.

20세기 말에 와서는 한편에서는 나쁜 상황이, 다른 한편에서 좋은 상황이 전개된다. 나쁜 상황이란 유럽이 점차 미국의 식습관을 모방한다는 것이다. 따라서 20여 년 전부터 초콜릿 바와 알 초콜릿의 소비가 꾸준히 증가하고 있다. 설탕이 지배적인 이러한 제품들에서 겉을 둘러싸고 있는 초콜릿의 양은 적을 뿐만 아니라 초콜릿 맛을 거의 느끼기가 어렵다.

다른 한편 유럽에서는 미국식의 초콜릿 바들에 대항하기 위한 움직임이 뚜렷하게 나타난다. 벨기에는 초콜릿 장인들의 노력으로 새롭고 고급스런 초콜릿 생산국이라는 이미지를 확보해가고 있다. 이러한 움직임에 프랑스의 초콜릿업자들도 카카오 함량이 아주 높은 초콜릿들을 통해 그들만의 독특성을 모색하고자 한다. 그리고 이는 점차 대중의 호응을 얻어 가고 있다. 대량 생산업자들도 점차 더 검은 초콜릿을 생산하기 시작했는데, 심지어는 카카오 함량이 99%에까지 이르는 다크 초콜릿을 생산한다. 초콜릿에 대한 관심을 갖기 시작한 소비자들은 이제 초콜릿의 질과 새로운 맛의 초콜릿들을 찾는다. 이러한 경향을 포착한 초콜릿 장인들은 보다 세련되고 독창적인 제품들을 선보이려고 한다.

최근의 새로운 경향은 카카오 함량이 많은 다크 초콜릿의 생산과 더불어, 여기에 굵게 간 카카오원두를 넣는 초콜릿들을 생산해 보다 원재료의 맛을 살리려는 것이다. 그리고 여러 원산지의 카카오원두를 섞는 대신, 단일 원산지의 카카오원두만으로 초콜릿을 제조하기도 한다. 이는 마치 포도주를 품종에 따라 원산지에 따라 마시는 것처럼, 초콜릿 또한 그러한 음미 대상으로 보려는 경향을 대변한다. 마지막으로 유기농 카카오원두로 만든 초콜릿의 등장이다. 유기농 초콜릿은 현재는 맛이 뒤떨어지지만 이를 극복한다면 성공할 가능성이 있다.

오늘날 유럽에서는 고급 초콜릿의 출현과 함께 초콜릿 애호가 단체들이 생겼다. 초콜릿 미식가들을 중심으로 구성된 이 단체가 주로 하는 일은 카카오 성분이 50% 이상인 초콜릿이나 원료가 되는 원두의 가치를 비교하고 감정하는 것이다. 비록 소수의 미식가들의 모임이라 치부할 수도 있지만, 이러한 애호가 단체는 표준화와 획일화되어가는 입맛에 다양성을 찾아주려는 움직임을 대변하고 있다.

초콜릿 연표

기원전 1000년경 : 유카탄 반도에서 올멕족이 카카오나무를 재배하기 시작한 것으로 추정된다.

500년경 : 1984년 과테말라에서 발견된 마야의 무덤들에서 초콜릿 음료를 마시기 위해 사용된 용기들이 발견된다.

900년경 : 톨텍족의 왕이자 공기의 신인 케찰코아틀이 툴라라는 도시국가를 통치한다. 그는 아스텍족 신화에서 카카오나무를 신의 세계에서 지상으로 가져온 신으로 알려진다.

1502년 : 콜럼버스는 서인도제도를 향한 네 번째이자 마지막 여행에서 처음으로 카카오원두를 접한다.

1519년 : 에르난 코르테스가 멕시코 연안에 도착해 아스텍족을 점령하고, 스페인 정복자들은 초콜릿 음료를 맛본다.

1528년 : 에르난 코르테스가 카카오원두와 함께 초콜릿 음료 제조법을 스페인에 가져온다.

1500년대 : 멕시코의 스페인 이주자들 사이에 초콜릿은 일상적인 음료가 되었으며, 그것을 자신들의 입맛에 맞게 변용한다. 스페인 본국에서도 초콜릿 음료는 특권층들 사이에서 유행하기 시작한다.

1585년 : 이때부터 초콜릿을 실은 화물선이 정기적으로 스페인과 멕시코를 오갔으며, 스페인에서는 초콜릿 제조업자가 생겨난다.

1610년경 : 피렌체 상인 안토니오 카를레티가 이탈리아에 최초로 초콜릿 음료를 소개한 것으로 알려진다.

1615년 : 루이 13세와 결혼한 스페인 공주 안느 도트리쉬가 초콜릿 음료를 프랑스 궁정에 소개한다.

1657년 : 한 프랑스인이 런던에 처음으로 초콜릿 하우스를 열었으며, 이어서 '화이트 초콜릿 하우스'가 문을 연다.

1665년 : 영국이 스페인으로부터 자메이카를 빼앗아 거대한 카카오 농장을 확보한다.

1674년 : 런던에서 고형 초콜릿을 만들었으나 이는 오늘날과 달리 음료를 만들기 위한 것이었다.

1732년 : 프랑스인 뒤뷔쏭이 서서 작업할 수 있는 높이의 카카오원두 분쇄기인 새로운 메타테를 고안한다.

1735년 : 스웨덴 식물학자 칼 폰 린네가 카카오나무에 테오브로마 카카오라는 학명을 부여한다.

1765년 : 초콜릿이 다시 대서양을 건너 미국에 소개된다.

1778년 : 프랑스인 도레가 수력을 이용한 카카오원두 분쇄기를 발명한다.

1824년 : 쉬샤드가 스위스의 세리에르에 초콜릿 공장을 세운다.

1828년 : 네덜란드인 반 후텐이 카카오 버터를 분리하는 압착기를 발명함으로써, 코코아 제조기술에 관한 특허를 취득한다.

1830년경 : 영국의 프라이 사와 캐드버리 사가 반 후텐의 기술을 이용해 '먹는' 판형 초콜릿을 생산하기 시작한다.

1832년 : 오스트리아의 빈에서는 황실 제과장이 초콜릿 케이크 자허토르테를 만든다.

1867년 : 이탈리아의 토리노 지역의 초콜릿 제조업자들이 쟌두야라는 초콜릿 당과를 생산하기 시작한다.

1875년 : 스위스의 다니엘 페터가 네슬레가 개발한 분유와 초콜릿을 결합해 밀크 초콜릿을 선보인다.

1879년 : 스위스의 로돌프 린트는 액상 초콜릿을 부드럽게 하는 제조기술인 '콘칭'을 고안해서, 부드럽게 입에 녹는 '퐁당' 초콜릿을 생산한다.

1883년 : 미국인 밀턴 허시가 식품 박람회에서 새로운 독일산 초콜릿 기계를 구입 초콜릿 당과류를 생산하다가, 10년 뒤에 초콜릿 바를 내놓는다.

1912년 : 벨기에의 초콜릿 제조업자 노이하우스가 벨기에식 프랄랭을 생산하기 시작한다.

1920년 : 영국인 존 마스가 자신의 이름을 붙인 유명한 초콜릿 바 '마스Mars'를 내놓는다.

1950년 : 세계적으로 유명한 프랑스 초콜릿상표 '발로나Valrhona'가 탄생한다.

1994년 : 유럽의 몇몇 나라에서 카카오 버터 5%를 식물성 지방으로 대체하자고 요구함에 따라, 유럽의 초콜릿 품질이 위협을 받게 된다. 이에 대해 프랑스 초콜릿 업자들과 초콜릿 애호가 그룹들은 분명한 반대 입장을 취했지만, 몇 년간의 공방 끝에 결국 허용하게 된다.

참고문헌

소피 D.코, 마이클 D.코, 서성철 옮김, 『신들의 열매, 초콜릿』, 지호, 2000.

에르베 로베르, 카트린 코도롭스키, 강민정 옮김, 『초콜릿』, 창해, 2000.

Christine McFadden, Christine FRANCE, *Le grand livre du chocolat*, Manise, 2000.

Gilles Brochard, *Le chocolat*, Tana, 2004.

Katherine Khodorowsdky, Olivier de Loisy, *Chocolat et grands crus de cacao*, Solar, 2003.

Linda Civitello, *Cuisine and Culture*, Wiley, 2004.

Nikita Harwich, *Histoire du cacao et du chocolat*, éditions Desjonquères, 1992.

Robert Linxe, *La maison du chocolat*, éditions du Chêne, 2000.

Yannick Lefort, *La journée chocolat*, Hachette, 1996.

초콜릿 이야기 이국적인 유혹의 역사

펴낸날	초판 1쇄 2006년 8월 30일
	초판 5쇄 2013년 5월 16일
지은이	**정한진**
펴낸이	**심만수**
펴낸곳	**(주)살림출판사**
출판등록	1989년 11월 1일 제9-210호
주소	경기도 파주시 광인사길 30
전화	031-955-1350 팩스 031-624-1356
홈페이지	http://www.sallimbooks.com
이메일	book@sallimbooks.com
ISBN	978-89-522-0549-0 04080
	978-89-522-0096-9 04080(세트)

※ 값은 뒤표지에 있습니다.
※ 잘못 만들어진 책은 구입하신 서점에서 바꾸어 드립니다.

085 책과 세계

강유원(철학자)

책이라는 텍스트는 본래 세계라는 맥락에서 생겨났다. 인류가 남긴 고전의 중요성은 바로 우리가 가 볼 수 없는 세계를 글자라는 매개를 통해서 우리에게 생생하게 전해 주는 것이다. 이 책은 역사라는 시간과 지상이라고 하는 공간 속에 나타났던 텍스트를 통해 고전에 담겨진 사회와 사상을 드러내려 한다.

056 중국의 고구려사 왜곡 `eBook`

최광식(고려대 한국사학과 교수)

중국의 고구려사 왜곡의 숨은 의도와 논리, 그리고 우리의 대응 방안을 다뤘다. 저자는 동북공정이 국가 차원에서 진행되는 정치적 프로젝트임을 치밀하게 증언한다. 경제적 목적과 영토 확장의 이해관계 등이 복잡하게 얽혀 있는 동북공정의 진정한 배경에 대한 설명, 고구려의 역사적 정체성에 대한 문제, 고구려사 왜곡에 대한 우리의 대처방법 등이 소개된다.

291 프랑스 혁명 `eBook`

서정복(충남대 사학과 교수)

프랑스 혁명은 시민혁명의 모델이자 근대 시민국가 탄생의 상징이지만, 그 실상을 아는 사람은 많지 않다. 프랑스 혁명이 바스티유 습격 이전에 이미 시작되었으며, 자유와 평등 그리고 공화정의 꽃을 피기 위해 너무 많은 피를 흘렸고, 혁명의 과정에서 해방과 공포가 엇갈리고 있었다는 등의 이야기를 통해 프랑스 혁명의 실상을 소개한다.

139 신용하 교수의 독도 이야기 `eBook`

신용하(백범학술원 원장)

사학계의 원로이자 독도 관련 연구의 대가인 신용하 교수가 일본의 독도 영토 편입문제를 걱정하며 일반 독자가 읽기 쉽게 쓴 책. 저자는 역사적으로나 국제법상으로 실효적 점유상으로나, 어느 측면에서 보아도 독도는 명백하게 우리 땅이라고 주장하며 여러 가지 역사적인 자료를 제시한다.

144 페르시아 문화

신규섭(한국외대 연구교수)

인류 최초 문명이 뿌리에서 뻗어 나와 시리즈 남쪽 중앙, 인도와 파키스탄, 심지어 그리스에까지 흔적을 남긴 페르시아 문화에 대한 개론서. 이 책은 오랫동안 베일에 가려 있던 페르시아 문명을 소개하여 이슬람에 대한 편견과 오해를 바로 잡는다. 이태백이 이란계였다는 사실, 돈황과 서역, 이란의 현대 문화 등이 서술된다.

086 유럽왕실의 탄생

김현수(단국대 역사학과 교수)

인류에게 '예술과 문명' 그리고 '근대와 국가'라는 개념을 선사한 유럽왕실. 유럽왕실의 탄생배경과 그 정체성은 무엇인가? 이 책은 게르만의 한 종족인 프랑크족과 메로빙거 왕조, 프랑스의 카페 왕조, 독일의 작센 왕조, 잉글랜드의 웨섹스 왕조 등 수많은 왕조의 출현과 쇠퇴를 통해 유럽 역사의 변천을 소개한다.

016 이슬람 문화

이희수(한양대 문화인류학과 교수)

이슬람교와 무슬림의 삶, 테러와 팔레스타인 문제 등 이슬람 문화 전반을 다룬 책. 저자는 그들의 멋과 가치관을 흥미롭게 설명하면서 한편으로 오해와 편견에 사로잡혀 있던 시각의 일대 전환을 요구한다. 이슬람교와 기독교의 관계, 무슬림의 삶과 낭만, 이슬람 원리주의와 지하드의 실상, 팔레스타인 분할 과정 등의 내용이 소개된다.

100 여행 이야기

이진홍(한국외대 강사)

이 책은 여행의 본질 위를 '길거리의 철학자'처럼 편안하게 소요한다. 먼저 여행의 역사를 더듬어 봄으로써 여행이 어떻게 인류 역사의 형성과 같이해 왔는지를 생각하고, 다음으로 여행의 사회학적 · 심리학적 의미를 추적함으로써 여행에 어떤 의미를 부여할 것인가에 대해 말한다. 또한 우리의 내면과 여행의 관계 정의를 시도한다.

293 문화대혁명 중국 현대사의 트라우마 eBook

백승욱(중앙대 사회학과 교수)

중국의 문화대혁명은 한두 줄의 정부 공식 입장을 통해 정리될 수 없는 중대한 사건이다. 20세기 중국의 모든 모순은 사실 문화대혁명 시기에 집약되어 있다고 해도 과언이 아니다. 사회주의 시기의 국가 · 당 · 대중의 모순이라는 문제의 복판에서 문화대혁명을 다시 읽을 필요가 있는 지금, 이 책은 문화대혁명에 대한 안내자가 될 것이다.

174 정치의 원형을 찾아서 eBook

최자영(부산외국어대학교 HK교수)

인류가 걸어온 모든 정치체제들을 매우 짧은 기간 동안 시험하고 정비한 나라, 그리스. 이 책은 과두정, 민주정, 참주정 등 고대 그리스의 정치사를 추적하고, 정치가들의 파란만장한 일화 등을 소개하고 있다. 특히 이 책의 저자는 아테네인들이 추구했던 정치방법이 오늘 우리 사회가 당면한 문제를 해결할 수 있는 지혜의 발견에 도움을 줄 수 있을 것이라고 말한다.

420 위대한 도서관 건축순례 eBook

최정태(부산대학교 명예교수)

이 책은 도서관의 건축을 중심으로 다룬 일종의 기행문이다. 고대 도서관에서부터 21세기에 완공된 최첨단 도서관까지, 필자는 가능한 많은 도서관을 직접 찾아보려고 애썼다. 미처 방문하지 못한 도서관에 대해서는 문헌과 그림 등 가능한 많은 정보를 수집하려 노력했다. 필자의 단상들을 함께 읽는 동안 우리 사회에서 도서관이 차지하는 의미에 대해 다시 생각하게 된다.

421 아름다운 도서관 오디세이 eBook

최정태(부산대학교 명예교수)

이 책은 문헌정보학과에서 자료 조직을 공부하고 평생을 도서관에 몸담았던 한 도서관 애찬가의 고백이다. 필자는 퇴임 후 지금까지 도서관을 돌아다니면서 직접 보고 배운 것이 40여 년 동안 강단과 현장에서 보고 얻은 이야기보다 훨씬 많았다고 말한다. '세계 도서관 여행 가이드'라 불러도 손색없을 만큼 풍부하고 다채로운 내용이 이 한 권에 담겼다.

eBook 표시가 되어있는 도서는 전자책으로 구매가 가능합니다.

(주)살림출판사
www.sallimbooks.com
주소 경기도 파주시 문발동 522-1 | 전화 031-955-1350 | 팩스 031-955-1355